AF628909

Wieland Stolzenburg

Liebeskummer heilen

Wieland Stolzenburg

Liebeskummer heilen

Dein persönlicher Begleiter durch die ersten 100 Tage nach der Trennung

KOMPLETTMEDIA

Hinweise:
Die in diesem Buch enthaltenen Informationen, Aufgaben und Übungen ersetzen nicht die Untersuchung und Beratung beim Arzt oder Therapeuten. Ebenso sind sie keine therapeutischen Anweisungen, sie dienen lediglich der Vermittlung von Wissen und geben praktische Hilfestellungen. Die Umsetzung der Übungen sollte gegebenenfalls mit einem qualifizierten Therapeuten besprochen werden. Aus Gründen der besseren Lesbarkeit wird auf die gleichzeitige Verwendung männlicher und weiblicher Sprachformen verzichtet. Sämtliche Personenbezeichnungen gelten für alle Geschlechter.

Klimaneutral
Druckprodukt
ClimatePartner.com/13336-1905-1001

MIX
Papier aus verantwortungsvollen Quellen
FSC
www.fsc.org
FSC® C014496

Originalausgabe
1. Auflage 2020
Verlag Komplett-Media GmbH
2020, München
www.komplett-media.de
ISBN: 978-3-8312-0560-8
Auch als E-Book erhältlich

Lektorat: Redaktionsbüro Diana Napolitano, Augsburg
Korrektorat: Redaktionsbüro Julia Feldbaum, Augsburg
Illustrationen: Heike Kmiotek, www.heike-kmiotek.de
Cover und Umschlaggestaltung: Guter Punkt, München
Satz: Daniel Förster, Belgern
Druck & Bindung: GGP Media GmbH, Pößneck

Gedruckt in Deutschland

Dieses Werk sowie alle darin enthaltenen Beiträge und Abbildungen sind urheberrechtlich geschützt. Jede Verwertung, die nicht ausdrücklich vom Urheberrecht zugelassen ist, bedarf der vorherigen schriftlichen Zustimmung des Verlags. Das gilt insbesondere für Vervielfältigungen, Bearbeitungen, Übersetzungen, Mikroverfilmungen und die Speicherung und Verarbeitung in elektronischen Systemen sowie für das Recht der öffentlichen Zugänglichmachung.

Inhalt

Über mich

Mein Name ist Wieland Stolzenburg, und meine Passion ist es, Menschen zu unterstützen, ein glückliches und authentisches Leben zu führen.

Ich bin Beziehungspsychologe und begleite Menschen dabei, erfüllende Beziehungen zu leben: mit sich selbst, ihren Partnern und allen anderen Menschen in ihrem Leben. Meine Unterstützung biete ich als Berater und Therapeut, als Autor und Redner oder als Interviewpartner für verschiedene Medien an.

Schwerpunkte meiner Arbeit sind alle Themen und Fragestellungen rund um Partnerschaft, Beziehung und Persönlichkeitsentwicklung.

Ich habe Betriebswirtschaftslehre (Hochschule Pforzheim) sowie Psychologie (LMU München) studiert und verschiedene therapeutische Ausbildungen absolviert.

Weitere Informationen über mich und meine Tätigkeit findest du auf meiner Website: wielandstolzenburg.de

Einleitung

Wenn wir von unserem Partner verlassen werden, bricht unsere Welt zusammen. Wir haben Gefühle, die uns an unsere Grenzen bringen. Wir haben Gedanken, die uns verrückt machen. Und wir wissen meist nicht, was wir tun sollen, um all dem zu entkommen. Genau für diese herausfordernde Zeit habe ich diesen Ratgeber geschrieben. Ich begleite dich darin auf dem Weg, den Liebeskummer hinter dir zu lassen und persönlich an der Trennung zu wachsen. Damit du am Ende des Heilungsprozesses wieder voller Zuversicht und Freude im Leben stehst. Bis dahin ist es ein Weg, und genau auf diesem nehme ich dich gern an die Hand.

Ich diesem Buch wirst du von den theoretischen und psychologischen Hintergründen einer Trennung lesen, von meinen Erfahrungen in meiner Praxis partizipieren, und du erhältst unzählige Aufgaben, die du selbst ganz einfach umsetzen kannst. Um Liebeskummer zu überwinden, den Ex-Partner loszulassen und um wieder mit beiden Beinen im Leben zu stehen, gibt es nicht den *einen* Ratschlag, den *einen* universellen Tipp, sondern es kommen viele unterschiedliche Dinge zusammen. Eine umfangreiche Klaviatur all dessen wirst du in diesem Buch finden.

*»Am Ende wird alles gut,
und wenn es noch nicht gut ist,
dann ist es noch nicht das Ende.«*

OSCAR WILDE

Das Lesen und Verstehen ist ein wichtiger Schritt raus aus dem Liebeskummer. Der andere ist, dich aktiv mit den Übungen, Fragestellungen und Reflexionsfragen auseinanderzusetzen. Damit du das Beste aus diesem Trennungsratgeber ziehen kannst, muss deine Bereitschaft vorhanden sein, bei diesen Aufgaben selbst aktiv zu werden. Es geht dabei nicht darum, alles richtig und perfekt zu machen. Vielmehr geht es um die Offenheit und Bereitschaft, die hilfreichen Schritte zu gehen. Jeder Mensch hat nach meiner Erfahrung bereits alle Ressourcen in sich, um die Herausforderungen des Lebens lösen zu können. Es geht für dich vor allem darum, dass du deine vorhandenen Ressourcen mithilfe dieses Buchs entdeckst und nutzt.

Das Buch ist in 14 Kapitel untergliedert, was 14 Wochen entspricht – also etwa 100 Tagen. Wie du am meisten von dem Buch profitieren wirst: Nimm die Übungen ernst! Wenn du nur die Texte liest und dir nicht ausreichend Ruhe und Zeit für die Aufgaben nimmst, wirst du weitaus weniger davon profitieren. Es macht zudem Sinn, dass du es nicht am Stück durchliest, sondern dir mit deinen Gefühlen und Gedanken Zeit lässt. Insbesondere die Kapitel ab Woche 8 solltest du erst angehen, wenn du aus dem gröbsten Trennungsschmerz raus bist. Eine Trennung verarbeiten wir nicht schneller, wenn wir uns unter Druck setzen. Eile, Ungeduld und Druck sind kontraproduktiv, auch wenn es verständlich ist, dass du diesen Zustand schnellstmöglich verlassen möchtest. Du kannst natürlich das Buch am Stück durchlesen. Versuche in diesem Fall dennoch, die Aufgaben im Nachhinein umzusetzen.

Mit all diesen Aspekten in den 14 Kapiteln werde ich dich auf deiner Reise durch den Trennungsschmerz begleiten. Die Reise wird nicht geradeaus gehen, und sie wird für jeden Menschen unterschiedlich aussehen. Es gibt Momente, in welchen wir glauben, wieder von vorn zu beginnen, und andere wiederum, bei welchen wir große Fortschritte erleben. Es gibt Phasen, die Geduld erfordern, und andere, bei denen du deine positive Entwicklung kaum glauben kannst.

Dein Prozess vom Liebeskummer zur Lebensfreude bedeutet demnach Arbeit, Vertrauen, Engagement, Geduld und die Fähigkeit loszulassen. Machen wir uns auf den Weg, damit du ankommst: bei deiner Lebensfreude und Zufriedenheit – bei dir selbst. Viel Mut, Energie und vor allem Vertrauen in dich selbst, das wünsche ich dir.

Dein Wieland Stolzenburg

Zu Beginn: Deine Versprechen

Bevor wir richtig ins Thema einsteigen, möchte ich dir zusammengefasst die Aspekte nennen, die wichtig und hilfreich nach einer Trennung sind. Denn den ganzen Trennungsratgeber in Ruhe zu lesen und alle Aufgaben durchzuführen benötigt Zeit.

Damit du nicht den Eindruck hast, jetzt schnell das gesamte Buch durchlesen zu müssen, um nichts zu verpassen, bekommst du in diesem Abschnitt schon die wesentlichen Punkte für die ersten Tage und Wochen kurz und knapp zusammengefasst. Es sind genau die Aspekte, die sich in meiner Praxisarbeit mit meinen Klienten bewährt haben. Diese kommen oft in den ersten Tagen zu mir – mit großem Herzschmerz, vielen Unsicherheiten und Tausenden Fragen. Zusammen arbeiten wir dann immer einen Fahrplan für die kommenden Tage und Wochen aus. Die Quintessenz davon erfährst du in diesem Kapitel.

Die folgenden Aspekte darfst du mit einem Versprechen dir selbst gegenüber verbinden – wenn du das möchtest. Es geht dabei nicht darum, alles sofort und immer perfekt umzusetzen. Vielmehr geht es darum, ob du bereit dazu bist, diese Dinge zu berücksichtigen und dein Bestes zu geben, auch wenn sie vielleicht gegen deinen ersten Impuls oder dein Bauchgefühl sind.

AUFGABE

Ich tue mein Bestes

	Ja	Etwas	Nein
Kontakt vermeiden: Ich gebe mein Bestes, keinen Kontakt zu meinem Ex-Partner zu suchen. Ich werde ihm nicht schreiben oder ihn anrufen. Zudem packe ich alle Sachen weg, die mich an ihn erinnern.	☐	☐	☐
Gefühle fühlen: Ich werde meine Gefühle nicht unterdrücken, sondern ich lasse sie raus, wenn sie da sind: Ich weine, schreie, bin wütend oder traurig.	☐	☐	☐
Grübeln sein lassen: Ich werde mein Bestes geben, nicht ständig zu grübeln und die Trennungsgründe verstehen zu wollen. Dafür ist später genügend Zeit.	☐	☐	☐
Gesund essen: Ich werde mich gesund ernähren, auch wenn es nur einmal am Tag ist. Selbst wenn ich nichts herunterbekomme, zwinge ich mich zu ein paar Bissen.	☐	☐	☐
Keine Ex-zurück-Strategien: Ich werde nicht versuchen, meinen Ex-Partner zurückzugewinnen. Auch wenn der Wunsch nachvollziehbar ist und meine Gefühlswelt mir etwas anderes einzureden versucht, lasse ich mich davon nicht manipulieren.	☐	☐	☐

Trost suchen: Ich werde die wichtigen Menschen in meinem Leben kontaktieren und um deren Unterstützung bitten, da ich weiß, wie wichtig Trost und Halt sind.	☐	☐	☐
Sport machen: Ich mache jeden Tag mindestens eine halbe Stunde lang Sport oder gehe spazieren.	☐	☐	☐
Dinge unternehmen: Ich verkrieche mich nicht nur in meiner Wohnung, sondern gehe einmal in der Woche mit einer Freundin, einem Freund oder Freunden aus. Sei es zum Tanzen, ins Kino oder zum Brunchen.	☐	☐	☐
Geduld haben: Ich setze mich selbst nicht unter Druck, die Trennung schnellstmöglich zu verarbeiten, sondern erlaube mir die Zeit, die es benötigt.	☐	☐	☐
Neues machen: Ich mache bewusst Dinge, die mit meinem Ex-Partner nicht möglich waren: etwa ein Musical besuchen, die Haare abschneiden, obwohl er das nicht mochte …	☐	☐	☐
Liebevoll sein: Ich weiß, dass ich aktuell nicht in meiner vollen Kraft stehe, sondern seelisch verletzt bin. Daher bin ich liebevoll, nachsichtig und sanft zu mir und sorge mich gut um mich selbst. Ich nehme mir Zeit für mich oder lasse mich krankschreiben, wenn das gerade mein Bedürfnis ist.	☐	☐	☐

Mir vertrauen: Ich vertraue darauf, dass ich aus dem Tief wieder herauskomme. Mithilfe dieses Buchs, Freunden, der Zeit und der Arbeit an mir.	☐	☐	☐
Weitere Versprechen:			
______________________________	☐	☐	☐
______________________________	☐	☐	☐
______________________________	☐	☐	☐
______________________________	☐	☐	☐
______________________________	☐	☐	☐
______________________________	☐	☐	☐

Ich werde mein Bestes geben, die Aspekte umzusetzen – ich werde mich jedoch nicht dafür kritisieren, wenn etwas einmal nicht wie gewünscht klappt.

Unterschreibe hier mit dem heutigen Datum:

____________________	____________________
Datum	Meine Unterschrift

So weit die wichtigsten Aspekte für die Zeit direkt nach der Trennung. Wenn du möchtest, mache jeweils ein Kreuz in dem Feld, welches für dich passend ist – was du dir selbst versprechen möchtest. Wie gesagt, es geht nicht darum, es jederzeit perfekt umzusetzen, sondern bei was du bereit bist, dein Bestes zu geben: für dich selbst!

Dein täglicher Begleiter: Das Gefühlsbarometer

Die folgende Aufgabe soll dich durch den gesamten Trennungsprozess begleiten: das Gefühlsbarometer. Es hilft dir dabei, dich bewusst mit deinem Gefühlszustand auseinanderzusetzen, deine Gefühle zu reflektieren und sie nicht nur passiv zu erleben. Zudem unterstützt dich das Barometer dabei, deine Fortschritte zu dokumentieren und damit rückwirkend Veränderungen zu erkennen. Denn häufig glauben wir, dass wir nicht vorankommen und der Schmerz und dessen Intensität gleich bleiben. Doch im Rückblick über einen längeren Zeitraum entspricht das meist nicht der Realität.

Ich lege dir ans Herz, dir jeden Abend – ja wirklich jeden Abend – 5 Minuten Zeit zu nehmen und das Gefühlsbarometer in Ruhe auszufüllen. Setze dich hin, schalte das Handy aus, und atme ein paar Mal tief ein und aus. Nimm anschließend einen Stift, und male entsprechend deinem Gefühlszustand abends jeweils die sieben Kästchen komplett aus.

Am meisten wirst du davon profitieren, wenn du dieses Gefühlsbarometer so ehrlich wie möglich ausfüllst. Es geht nicht darum, das auszufüllen, was du gern hättest und wie weit du gern wärst. In diesem Fall würdest du deiner Gefühlswelt und dir selbst etwas vormachen und damit alles verschlimmern. Trage es so ein, wie es wirklich ist, wie du es gerade wahrnimmst und fühlst – authentisch und ehrlich.

Hier ein Beispiel für deine Gesamtstimmung für **eine Woche:**

10 (sehr gute Stimmung)							
9							
8							
7							
6							
5							
4							
3							
2							
1 (schlechte Stimmung)							
Datum hier eintragen							

Gesamtstimmung: Fülle hier aus, wie du deine Gesamtstimmung erlebt hast:

10 (sehr gute Stimmung)							
9							
8							
7							
6							
5							
4							
3							
2							
1 (schlechte Stimmung)							
Datum hier eintragen							

Trauer: Fülle hier aus, wie traurig du dich gefühlt hast:

10 (voller Trauer)							
9							
8							
7							
6							
5							
4							
3							
2							
1 (keine Trauer)							
Datum hier eintragen							

Freude: Fülle hier aus, wie viel Freude und Zufriedenheit du erlebt hast:

10 (viel Freude)							
9							
8							
7							
6							
5							
4							
3							
2							
1 (keine Freude)							
Datum hier eintragen							

Wut: Fülle hier aus, wie wütend du heute warst:

10 (voller Wut)							
9							
8							
7							
6							
5							
4							
3							
2							
1 (keine Wut)							
Datum hier eintragen							

Motivation: Fülle hier aus, wie viel Energie und Antrieb du hattest:

10 (voller Antrieb)							
9							
8							
7							
6							
5							
4							
3							
2							
1 (kein Antrieb)							
Datum hier eintragen							

Hoffnungslosigkeit: Fülle hier aus, wie viel Ohnmacht, Verzweiflung und Hoffnungslosigkeit du erlebt hast:

10 (voller Hoffnung)							
9							
8							
7							
6							
5							
4							
3							
2							
1 (keine Hoffnung)							
Datum hier eintragen							

Ex-Partner: Fülle hier aus, wie oft du an deinen Ex-Partner gedacht hast:

10 (ständig an ihn/sie gedacht)							
9							
8							
7							
6							
5							
4							
3							
2							
1 (nie an ihn/sie gedacht)							
Datum hier eintragen							

Dieses Gefühlsbarometer für all deine unterschiedlichen Gefühle kannst du auch online herunterladen und ausgedruckt an einen Platz legen, welchen du nicht übersehen kannst. Oder du kopierst dir die Seiten hier aus dem Buch für die nächsten Wochen 14-mal.

Am Ende des Buchs (→ Seite 296) kannst du all deine Werte in eine Grafik eintragen. Du wirst dann sehen, was für eine erstaunliche Entwicklung du gemacht hast – vom Liebeskummer zurück zur Lebensfreude.

Alternativ zum händischen Ausfüllen kannst du auf meiner Webseite auch eine Tabelle herunterladen, in der du deine 100 Tage auf einen Blick siehst.

Du findest das Arbeitsblatt und den 100-Tage-Rückblick hier: wielandstolzenburg.de/liebeskummer-buch

Woche 1: Den ersten Schock verdauen

Wenn die Trennung noch recht frisch ist, gibt es fast keine Momente, in denen diese nicht präsent ist. Wir sind traurig, ohnmächtig, wütend oder einfach unfassbar einsam. Auch unser Körper reagiert: ein zugeschnürter Magen, ein Kloß im Hals, Appetitlosigkeit, Übelkeitsgefühle oder Durchfall. Unser Verstand ist ebenfalls im Dauereinsatz: Er grübelt, was wir machen können, um den Schmerzzustand zu verlassen, wie wir den Ex-Partner zurückbekommen, was wir falsch gemacht haben …

Wir könnten ständig heulen, möchten uns verkriechen und am liebsten einschlafen und nicht mehr aufwachen. Der Trennungsschmerz ist ein dauerhafter Begleiter, von dem es erst mal kein Entkommen gibt. Auch wenn du es jetzt noch nicht glauben magst: Das wird sich verändern, und genau dabei möchte ich dich begleiten.

»Hinfallen – aufstehen – Krone richten – weitergehen.«

AUFGABE

Der Tag deiner Trennung

Wie hast du den Tag der Trennung erlebt? Wenn du an dein gesamtes Leben denkst, wo würdest du ihn eintragen – in Bezug auf den schönsten bzw. schlimmsten Tag deines Lebens? Mache auf der folgenden Linie ein X an der Stelle, die für dich passt.

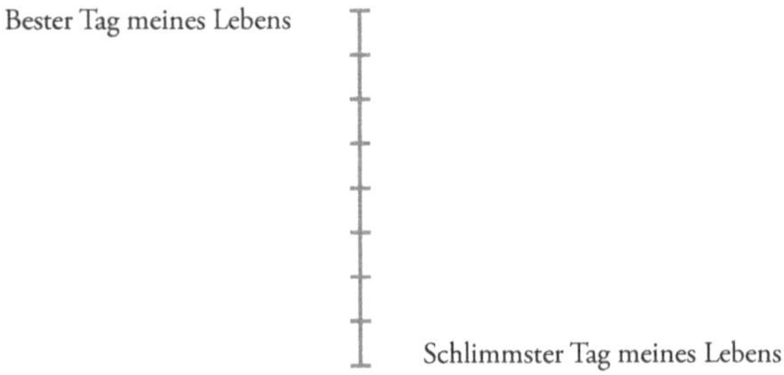

Ein einschneidendes Erlebnis, oder? Indem wir uns das bewusst machen, fällt es uns leichter, die Konsequenzen zu verstehen: den großen Schmerz, die Ohnmacht, die Sehnsucht …

Dieser Schockzustand ist eine normale Reaktion von Körper, Seele und Geist. Wie nach einem Autounfall wissen wir in dem aktuellen Zustand auch nicht genau, was gerade passiert. Häufig fühlen wir uns wie in einem Traum und glauben, dass wir irgendwann aufwachen und alles wieder gut ist. Da wir die Trennung im ersten Moment noch nicht glauben möchten und können, verleugnen wir diese neue Realität. Es ist eine Hin- und Herbewegung zwischen Hoffen und Bangen. Dabei haben wir häufig folgende Gedanken:

- Der geliebte Mensch wird es sich schon noch anders überlegen.
- Aber ich liebe ihn/sie doch so sehr, das kann sicher noch nicht das Ende sein.
- Bestimmt war das nur eine unüberlegte Kurzschlussreaktion, die bald rückgängig gemacht wird.
- Da muss ein Irrtum vorliegen, der Partner hat sicher was falsch verstanden.

- Wir hatten bisher doch alle Widrigkeiten zusammen überstanden, und unsere Beziehung war doch besonders und einzigartig.

Wir sind in diesen Momenten noch weit entfernt von der Akzeptanz. Den klassischen Liebeskummer spüren wir in der ersten Trennungsphase nur undeutlich und vage, der tiefe Schmerz folgt erst später. Wir befinden uns eher in einem Zustand der Verwirrung.

Das Herausfordernde und meist schwer Verständliche am Verlassenwerden ist Folgendes: Die Bewältigungsstrategien, auf die wir in anderen Krisen- und Lebenssituationen zurückgreifen können und die uns Sicherheit geben, funktionieren in dieser Situation nur bedingt oder überhaupt nicht. Das gilt für jeden: ob für die selbstbewusste Geschäftsführerin oder den durch nichts aus der Ruhe zu bringenden Bäckermeister, für die alleinerziehende Mutter mit drei Kindern, die sonst jede Herausforderung meistert, und selbst für den Schaffner, der sonst keine Gefühlsregungen zeigt.

Alle Menschen sind damit konfrontiert, dass Bewältigungsstrategien, die uns bei anderen Krisen und Herausforderungen helfen, plötzlich verschwunden sind.

Gegen Liebeskummer ist niemand immun,
ob Mann oder Frau, jung oder alt,
psychologisch geschult oder nicht.

Damit du in der ersten Zeit nach der Trennung weißt, was auf dich zukommen wird und was dir hilft, diese bestmöglich zu überstehen, befassen wir uns in diesem Kapitel in Woche 1 mit dem Folgenden:

- Die Phasen, die vor dir liegen
- Die ersten Tage überstehen
- Die Trennungsdauer abschätzen

Die Phasen, die vor dir liegen

Nachdem der Partner die Beziehung beendet hat, erleben die meisten Betroffenen einen ähnlichen Ablauf von vergleichbaren Zuständen. Wir durchlaufen sogenannte Trennungsphasen, die erstmalig von der Schweizer Psychologin Verena Kast als die kognitiven und emotionalen Phasen nach einer Trennung beschrieben wurden. Es existieren dabei Konzepte mit vier, fünf oder noch mehr unterschiedlichen Phasen. Ich arbeite für gewöhnlich mit diesen vier Phasen:

Phase 1: SCHOCK – die Nicht-wahrhaben-wollen-Phase

Wir sind geschockt, können die Trennung noch nicht greifen und leugnen häufig das Beziehungsende. Alles Wichtige zur ersten Phase liest du später in diesem Kapitel.

Phase 2: FÜHLEN – die Gefühlschaos-Phase

Anschließend folgt die Phase der aufbrechenden Gefühle, ein Auf und Ab aller Gefühlszustände von Trauer, Wut, Erleichterung, Freude, Hoffnung bis zu Hoffnungslosigkeit oder Schuldvorwürfen an uns oder unseren Ex-Partner. Diese Zeit ist meist die aufwühlendste und unangenehmste.

In dieser Phase gelangen wir langsam aus dem Schockzustand und der Verleugnung des Beziehungsendes hinaus, und es wird zunächst nicht besser. Denn was nun folgt, ist ein Wechselbad unserer Gefühle. Der Übergang ist kein harter Cut von einer zur anderen Phase. Die Grenzen sind schwimmend, und es ist normal, dass wir zurück zu Phase 1 kommen. Du merkst die Ankunft in Phase 2, wenn du eine tiefe Trauer, Einsamkeit, Leere oder auch Wut spürst. Bis du von der ersten zu dieser Phase gelangst, kann es unterschiedlich lange dauern. Diese Konfrontation mit dem erlittenen Verlust ist wie ein Sturm auf hoher See, der dich stets wieder unter Wasser drückt und du deine Orientierung verlierst. Du kannst das Gefühl haben, keine Luft mehr zu bekommen, unterzugehen, und du hast den Eindruck, bald keine Kräfte mehr zu haben.

Langsam realisierst du die Trennung und ihre Endgültigkeit. »Ich bin wirklich verlassen worden« gelangt langsam bis in jede Zelle deines Körpers, und das tut zunächst schlichtweg einfach nur weh. Es ist keine Schande oder Schwäche, wenn dich das an deine Grenzen bringt. Der ehemalige Partner, das gemeinsame Leben, die gemeinsamen Freunde und die Zukunftsträume sind weg. Wir können uns nicht vorstellen, dass wir je wieder aus dem tiefen Loch kommen und wieder glücklich werden. Ja, diese Phase ist die unangenehmste und schwerste! Doch danach geht es wieder bergauf.

Wir reagieren in dieser Zeit auf vieles sensibler als üblich. Vielleicht sind dir bei den letzten Zeilen auch die Tränen gekommen – lass sie zu. Das Gefühlschaos, der Verlust unserer Stabilität und die ungewisse Zukunft haben Auswirkungen auf Beruf, Familie und Freunde. Das gilt es anzunehmen, anstatt eine nicht vorhandene Stärke vorzutäuschen.

Auch unser Körper reagiert oft unmissverständlich. Unsere Alltagssprache verdeutlicht das sehr schön: »Ich habe einen Kloß im Hals«, »Das war wie ein Stoß in mein Herz« oder »Das liegt wie ein Stein im Magen«. Somit sind häufig deutliche körperliche Symptome spürbar: Oft haben wir keinen Appetit, erleben Einschlaf- oder Durchschlafstörungen oder wachen früh am Morgen auf. Unser Körper ist häufig geschwächt, wir fühlen uns schlapp, matt und haben wenig Energie. Daher sind wir unter anderem anfälliger für Erkältungen oder andere Infekte.

Wenn wir am Ende der zweiten Phase angekommen sind, befinden wir uns wie in einer Zwischenwelt: zwischen dem *Nicht-mehr* und dem *Noch-nicht*. Weder ist das Alte da noch zeigt sich das Neue. Doch wenn du diese Phase der Gefühle im Groben durchgemacht hast, wird es besser, denn es folgt die dritte Trennungsphase.

Phase 3: AUFBRUCH – die Neuorientierungs-Phase

Wir sind viele kleine und großen Schritte gegangen und nähern uns langsam der Neuorientierungs-Phase. Es ist ebenfalls ein fließender Übergang, sodass wir immer wieder Gefühle und Zustände wie in der zweiten Phase erleben werden. Vielleicht geht es einige Wochen lang bergauf, und wir fallen dann plötzlich wieder in ein Loch. Beispielsweise siehst du zufällig deinen Ex-Partner, erinnerst dich an Erlebnisse der gemeinsamen Zeit, oder es geschieht ohne erkennbaren Auslöser. Dieser Wechsel zwischen den beiden Phasen kann sich wiederholen und ist kein Rückschluss darauf, dass du wieder von vorn beginnst.

Ja, ich vertraue mir selbst.

Je mehr wir unsere Gefühle zugelassen und durchlebt haben, desto rascher kommen wir zur dritten Phase. Wir haben nun mehr und mehr verstanden, dass es keinen Neuanfang mit unserem Ex-Partner geben wird. Wir können langsam annehmen, dass die Trennung endgültig ist. Selbst wenn der Gedanke immer noch wehtun kann. Doch es ist nicht mehr der brennende, stechende Schmerz, den wir fühlen – dieser macht zunächst Platz für eine dumpfere und tiefere Trauer. Bis diese ebenso verschwindet, kann es nochmals dauern. Auch die Sehnsucht nach dem Ex-Partner wird Stück für Stück geringer. Wir wissen, dass wir den Verlust akzeptiert haben, sobald wir im Guten an den Ex-Partner und die Beziehung denken und sich Wut oder Trauer nur noch selten und schwach zeigen. Häufig sehen wir unseren Ex-Partner nun realistischer, anstatt ihn zu idealisieren oder abzuwerten.

In dieser Zeit nehmen wir unser Leben wieder aktiver in die Hand und sehen eine Zukunftsperspektive. Langsam wird die Distanz zum Ex-Partner spürbar, und die Momente, in denen wir nicht an ihn denken, werden häufiger und länger. Wenn wir doch an ihn denken, zieht es uns nicht automatisch in die Trauer und Schwere. Wir haben mehr und mehr Energie für Neues, entdecken verborgene Potenziale, lernen neue Menschen kennen und suchen und gehen mehr und mehr unseren eigenen Weg. Die Identifizierung mit der Partnerschaft als häufig »überlebenswichtiges« und unabdingbares Element können wir langsam loslassen. Unsere eigene Identität wird wieder freier vom Ex-Partner beziehungsweise von der Beziehung zu diesem. Wir erleben uns wieder mehr als eigenständiges Individuum.

Typisch für diese Phase ist, dass wir über uns und die Beziehung immer objektiver reflektieren. Wir werden offener, auch uns selbst ehrlich zu hinterfragen. Häufig stellen wir uns viele Fragen, insbesondere zu unserer eigenen Identität: »Was möchte ich eigentlich selbst?«, »Was bleibt ohne den Partner?« oder »Was habe ich in der Partnerschaft über mich selbst gelernt?« Zudem erkennen wir möglicherweise bereits Verknüpfungen mit unserer Lebensgeschichte und Herkunftsfamilie.

In dieser Phase ist es hilfreich, neue Dinge auszuprobieren, sich selbst wahrzunehmen, weiterhin die Gefühle zuzulassen, wenn sie sich zeigen, und den Blick auf sich selbst zu werfen: *Was kann ich lernen? Hat die Trennung auch Gutes ermöglicht?* Wie wir das Beste aus der Trennungserfahrung für uns mitnehmen können, darum geht es später in Woche 12.

Phase 4: LEBENSFREUDE – die »Auf zu neuen Ufern«-Phase

Ein Mut machender Blick in die Zukunft: Die ehemalige Partnerschaft und all die mit der Trennung verbundenen Herausforderungen haben wir in der Vergangenheit gelassen. In der vierten Trennungsphase freuen wir uns, dass wir diese Zeit gut überstanden haben, dort stehen, wo wir sind, und starten mit einem neuen Selbst- und Lebenskonzept ins Leben.

Wir sind persönlich gewachsen und gereift und haben häufiger das Gefühl, dass es richtig war, wie alles gekommen ist. Ein wenig Wehmut ist manchmal noch spürbar. Aber das zieht uns nicht nach unten. Wir suchen unsere Zufriedenheit und unseren Selbstwert nun nicht mehr bei unserem Partner, sondern bei uns selbst und in anderen Lebensbereichen. Wir leben wieder eigenverantwortlicher, sind energievoller und spüren mehr Lebensfreude.

Zudem sind wir nun bereit, auch unseren eigenen Anteil am Ende der Partnerschaft offen, ehrlich und realistisch zu betrachten. Wir schieben in der letzten Trennungsphase nicht mehr einen Großteil der Verantwortung auf unseren ehemaligen Partner. Im besten Fall haben wir viel über uns und unser Beziehungsverhalten gelernt sowie einen neuen Zugang zu unserer eigenen Liebesfähigkeit entwickelt. Die Erkenntnisse, dass wir die Trennung überstanden haben und über eine stabile und wirksame Selbstregulation verfügt haben (sonst wären wir nicht in der vierten Phase angekommen), geben uns Selbstvertrauen und Selbstbewusstsein.

Irgendwann spüren wir, dass wir bereit für eine neue Partnerschaft wären. Unabhängig davon, ob wir dem tatsächlich folgen oder wir uns bewusst dafür entscheiden, das Leben erst mal allein zu genießen. Offen waren wir möglicherweise bereits in den vorherigen Phasen, doch der Antrieb dahinter ist nun ein anderer. Es geht nicht mehr primär um Ablenkung, Schmerzverringerung oder Selbstwertstabilisierung. Vielmehr ist nun eine Partnerschaft auf Augenhöhe möglich. Die vierte Trennungsphase liegt momentan bei dir wahrscheinlich noch in der Zukunft, doch du wirst mit Sicherheit dort ankommen. Es ist hilfreich zu wissen, dass es diese Phasen der Trennung gibt. Warum?

- Sie geben dir Orientierung, an welcher Stelle im Verarbeitungsprozess du dich momentan befindest.
- Sie geben dir die Reflexionsmöglichkeit und zeigen dir, dass du Fortschritte machst und nicht stehen bleibst.
- Sie vermitteln dir das Wissen, dass deine Reaktion normal ist.
- Sie machen dir klar, dass du alle Phasen durchlaufen solltest.
- Sie zeigen dir die passenden Übungen für die jeweiligen Phasen.
- Sie geben dir Sicherheit, dass du irgendwann alle Phasen durchlaufen haben wirst.

Obwohl es viele Ähnlichkeiten in Trennungsprozessen gibt, kann der Verlauf bei jedem Menschen individuell sein. Die Reihenfolge der Phasen kann variieren und ist kein statischer Verlauf von Phase 1 zu Phase 4. Wir können beispielsweise von Phase 2 nochmals in die erste Phase gelangen und erleben Phase 2 später erneut – oder wir erleben eine andere Reihenfolge. Der Verlauf ist demnach nicht linear. Zudem ist die Dauer bei jedem von uns unterschiedlich. Manche Menschen sind länger in der einen und manche länger in der anderen Phase. Es dient demnach lediglich als Orientierung, nicht als starre Größe. Du machst also nichts falsch, wenn du dich nicht exakt in der Reihenfolge wiederfindest.

Die ersten Tage überstehen

Die ersten Minuten, Stunden und Tage nach einer Trennung können extrem hart sein und uns den Boden unter den Füßen wegziehen. In diesem Abschnitt zeige ich dir, was dir dabei helfen kann, diese Zeit bestmöglich zu überstehen. Kein Buch wird dir den Schmerz nehmen können, doch kann es dir zeigen, welche Dinge ihn verkleinern und welche ihn verschlimmern. Lass uns mit einer Aufgabe beginnen.

AUFGABE

Du bist Drehbuchautor deiner Trennung

Diese Aufgabe unterstützt dich dabei, innerlich ein wenig Abstand zu dem bisherigen Geschehen zu gewinnen, es aus einer Vogelperspektive mit weniger Emotionen zu überblicken: Du übernimmst die Rolle eines Drehbuchautors. Du schreibst alles auf, was passiert ist und wie es zur Trennung kam. Von einigen Tagen oder Wochen vor der Trennung bis zum heutigen Tag als Schwerpunkt.

Was solltest du dabei beachten? Schreibe die Geschehnisse möglichst neutral, wertfrei und ohne Interpretationen. Wie ein Drehbuch für ein Theaterstück. Wenn Schauspieler dieses Drehbuch lesen würden, könnten sie damit eure Trennung nachspielen. Versuche also, eine Vogelperspektive einzunehmen und die Trennung so zu beschreiben, wie sie ein neutraler Beobachter von außen erlebt hätte. Bist du bereit dazu?

Name der Person, die sich getrennt hat: ______________________

Name der Person, die verlassen wurde: ______________________

Datum der Trennung: ______________________

Der Ablauf bis zur Trennung:

Wenn der Platz für dein Drehbuch hier nicht ausreicht, schreibe auf einem Extrablatt weiter.

Ist es dir gelungen, den Verlauf möglichst ohne Wertung wiederzugeben? Wie geht es dir damit? Häufig entlastet uns diese neutrale Sicht, und wir können das ganze Geschehen einmal mit weniger Emotionen betrachten.

Grundlegende Verhaltenstipps für die erste Zeit

In meiner Praxis erlebe ich einige Verhaltensweisen, die sich nach einer Trennung bewährt haben. Obwohl es diese Gemeinsamkeiten gibt, nehmen wir diese aufwühlende erste Zeit alle unterschiedlich wahr. Somit kann der eine Punkt besser für dich passen, ein anderer möglicherweise weniger.

Los geht's mit den wichtigsten Aspekten in der ersten Zeit:

- **Wissen:** Rufe dir in Erinnerung, dass diese Schockreaktion und das Nichtwahrhaben-Wollen völlig normal sind und keinen zusätzlichen Grund zur Sorge darstellen. Mache dir immer wieder bewusst, dass du garantiert aus diesem Loch herauskommen wirst. Selbst wenn du nur eine andere Person in deinem Leben kennst, die eine Trennung überstanden hat, bedeutet das: Es ist möglich!

- **Ablenken:** Manche Berater und Therapeuten empfehlen, sich in den ersten Tagen vollständig abzulenken, andere sind vom Gegenteil überzeugt. Ich bin ein Freund von einer gesunden Kombination. Extreme Strenge gegenüber sich selbst ist in meinen Augen zu Beginn nicht empfehlenswert. Finde einen guten Mix für dich aus Ablenkung und dem Fühlen deiner Gefühle sowie der gedanklichen Beschäftigung mit der Trennung.

- **Verändern:** Alles, was neu ist, kann dich von dem Alten wegbringen. Räume beispielsweise deine Wohnung um, hänge alte Bilder ab und neue auf, stelle das Sofa oder den Fernseher um, kaufe neue Bettwäsche oder vertausche Messer, Gabel und Löffel in deinem Besteckfach. Verändere zudem Handlungen, welche du bisher mit deinem Partner routinemäßig durchgeführt hast.

- **Erinnern:** Du siehst Gegenstände, wie etwa Fotos von euch als Paar, Geburtstagsgeschenke oder Mitbringsel aus gemeinsamen Urlauben? Packe diese weg, wenn sie dich an den Ex-Partner erinnern, oder trenne dich gleich von ihnen. Das Loslassen im Außen hat einen positiven Einfluss auf das Innen. Wenn ihr jahrelang zusammengelebt habt, kannst du selbstverständlich nicht die gesamte Einrichtung aus dem Fenster werfen, dann geht es vor allem um persönliche und emotionale Dinge.

- **Informieren:** Lass deine Freunde, deine Familie und Kollegen wissen, dass ihr euch getrennt habt. Das hilft dir, die unangenehme neue Realität immer mehr anzunehmen und nicht in der Hoffnungsfalle hängen zu bleiben.

- **Austauschen:** Suche Gespräche mit Freunden, der Familie und anderen Menschen. Heul dich aus, lass den Schmerz raus, und gib deinen Gesprächspartnern Hinweise, was dir guttut und was nicht. Hilfreich ist meist eine gewisse Routine, wie beispielsweise die verbindliche Vereinbarung, jeden Abend um 19 Uhr mit der besten Freundin oder dem besten Freund zu telefonieren. Das kann untertags eine beruhigende Wirkung haben, weil du und dein Unterbewusstsein wissen, dass später Zeit zum Reden ist.

- **Pausieren:** Finde heraus, ob eine Krankschreibung für einige Tage hilfreich für dich wäre. Für manche Menschen sind die Struktur, die Aufgaben und die Ablenkung in der Arbeit ein wichtiger Aspekt, für andere eine zusätzliche Belastung. Wenn du zur zweiten Gruppe gehörst, sorge gut für dich. Viele Menschen, die ich in dieser Zeit begleitet habe, würden gern ein paar Tage frei haben, trauen sich jedoch nicht. Sie denken oft: »Das muss ich jetzt schon schaffen« oder »Das geht doch nicht wegen dieser Kleinigkeit«. Ich kann dich nur ermuntern, deinem Bedürfnis nachzugehen und dich für einige Tage krankschreiben zu lassen. Sich einzugestehen, dass wir in diesem Moment nicht in unserer vollen Kraft stehen, ist nicht immer leicht. Bei einer körperlichen Erkrankung gönnen wir uns ebenfalls Pausen und Ruhe. Diese Verantwortung hast du dir selbst gegenüber, wenn deine Seele schmerzt.

- **Rausgehen:** Da unser Selbstwert nach einer Trennung im Keller liegt, unterstütze ihn. Mache auch mal Dinge, die wegen deinem Ex-Partner nicht möglich waren, wie beispielsweise ein überteuertes Kleidungsstück kaufen, die Haare rot färben, obwohl er Rot nicht mochte, du aber schon.

> Genieße deinen Tag mit einem lieben Menschen, und lasst es euch gut gehen: Geht zusammen brunchen, genießt eine Massage, spielt Minigolf oder Billard, und abends heißt es: Party-Time – Spaß haben, Tanzen, Flirten, Ablenken, Feiern …

So weit einige Impulse für dich für die erste Phase. Wichtig ist, dass du dabei freundlich und rücksichtsvoll mit dir selbst bist. Es wird nie alles so gelingen, wie du es dir wünschst oder vorgenommen hast. Das Letzte, was du jetzt noch brauchst, ist ein mächtiger innerer Kritiker, der dich zusätzlich zu all dem anderen abwertet oder fertig macht.

Schon gewusst? Der Schock unseres Umfelds

Wenn andere Menschen von unserer Trennung hören, sind sie häufig ebenfalls überrascht bis geschockt. Oft hören wir dann Sätze wie »Das kann doch nicht sein, ihr wart doch so ein tolles Paar« oder »Er/Sie wird sich schon noch einkriegen und es sich bestimmt noch mal überlegen …«

Diese Aussagen stützen unsere eigene Hoffnung und vergrößern sie – und halten uns damit unnötig in der ersten Trennungsphase gefangen. Dem eigenen Umfeld können wir dafür schwer einen Vorwurf machen, denn es reagiert aufgrund der eigenen Bestürzung und des Wunsches, dass es uns schnellstmöglich wieder gut geht.

Darum ist es hilfreich zu wissen, dass deren Reaktion und Aussagen häufig darauf zurückzuführen sind und nicht unbedingt eine realistische Sichtweise und hilfreiche Ratschläge widerspiegeln. Der Rat, den wir bekommen, ist zudem meist der Rat, den andere aus ihrer Sichtweise geben, und hat mehr mit ihnen selbst zu tun als mit uns. Suche daher deine Freunde am besten für Trost und Anteilnahme auf und weniger für konkrete Lösungsvorschläge und Ratschläge.

AUFGABE

Raus an die Luft

Lege nun das Buch zur Seite, zieh deine Schuhe an, und geh nach draußen. Das Handy bleibt zu Hause. Schlechtes Wetter ist keine Ausrede. Ich kann dich natürlich nicht zwingen, einen Spaziergang zu machen, ich kann es dir nur sehr ans Herz legen.

Warum ist das so hilfreich?
Frische Luft, die Natur und Sonnenlicht sind unglaublich heilsam. Wer schon längere Waldspaziergänge gemacht hat, weiß, wie gut es einem danach geht. Die Zeit im Grünen senkt nachweislich den Stress, hebt das Selbstbewusstsein, stärkt das Immunsystem, lässt das Herz langsamer und ruhiger schlagen, verringert die Angespanntheit und Erschöpfung und lässt positive Gefühle größer und wichtiger erscheinen als solche, die uns zermürben. Schon 5 Minuten machen einen Unterschied.

Die Überwindung in dem Trennungsloch ist immer die größte Herausforderung. Doch es lohnt sich, diesen inneren Schweinehund hin und wieder zu überlisten.

Du kannst den Spaziergang dabei mit einer Wahrnehmungsübung verbinden, die dir hilft, aus dem Verstand zu kommen: Nimm beispielsweise wahr, wie deine Füße auf dem Boden aufkommen, spüre die Bewegung in deiner Kniekehle, höre das Vogelgezwitscher, spüre den Wind … Fokussiere dich dabei auf eine Sache.

Am besten ist es natürlich, wenn du mindestens 30 Minuten an die frische Luft gehst, doch wenn das zeitlich nicht geht, lohnen sich schon 10 Minuten.

Der Kontakt zum Ex-Partner in Trennungsphase 1

Nach einer Trennung und dem unmittelbaren Schockzustand wollen wir vor allem eines: raus aus dem Loch und wieder glücklich sein. Unsere übliche und nachvollziehbare Reaktion ist es daher, alles dafür zu tun, dass es uns wieder gut geht. Wieder mit dem Ex-Partner zusammenzukommen ist dabei in vielen Fällen die oberste Priorität. Somit klammern wir uns an jeden Hoffnungsschimmer, den Ex-Partner vielleicht doch noch zurückgewinnen zu können, warten darauf, dass sich der geliebte Mensch meldet oder auf unsere Kontaktversuche antwortet. Wir denken, wenn wir nur lange genug mit dem Ex-Partner sprechen, ihn überzeugen, taktieren, Liebesbekundungen ausdrücken und Veränderungsversprechen machen, dann wird er es sich doch noch anders überlegen. Wie unter Drogen gibt es nur ein Ziel: Wir wollen unseren Stoff, den Ex-Partner, der uns wieder glücklich macht.

Doch es stellt sich die Frage, ob der Kontakt zum Ex-Partner sinnvoll und zielführend ist. Selbst wenn du das jetzt möglicherweise nicht gern hörst – nach meiner Erfahrung in meiner Praxis ist es zielführend, keinen Kontakt zwischen dir und deinem Ex-Partner in der ersten Zeit nach der Trennung zu haben. Es ist tatsächlich ähnlich wie bei einer Droge: Du musst dich entwöhnen und wirst erst nach dem Entzug klarer sehen, was dich zu deinem Ex-Partner zurücktreibt. Ist es Schmerzvermeidung oder etwas anderes? Das zu differenzieren wird in der ersten Phase nicht gelingen, selbst wenn du das beim Lesen dieser Zeilen vielleicht klar und eindeutig beantworten würdest. Nimm dir die Zeit, um den Schock zu verdauen, um dich selbst zu sammeln, um Klarheit über deine wahren Bedürfnisse zu erhalten und vor allem selbst mit dem Schmerz in Kontakt zu kommen. Wenn du die Lösung direkt im Wieder-Zusammenkommen suchst, überspringst du einen wichtigen Entwicklungsschritt für dich. Dein persönliches Wachstum wird somit be- oder verhindert.

Auch wenn du glaubst, dass die vermeintliche Lösung nur eine Nachricht entfernt ist oder durch eine Nacht mit dem Ex-Partner gefunden werden kann, empfehle ich dir, dich zu entwöhnen – soweit es die äußeren Umstände zulassen. Auch wenn es verdammt schwer ist.

Konkret bedeutet es das Folgende:

- Keine Kontaktversuche
- Keine »Ex-zurückbekommen«-Strategien
- Kein Betteln, kein Jammern, kein Überreden
- Kein Verfolgen der Social-Media-Kanäle deines Ex-Partners
- Keine Treffen, kein Kuscheln, kein Sex

Ja, das kann extrem schwer sein und Kraft kosten. Aber du schaffst das!

Du solltest das Ganze nicht aus Trotz oder Taktikgründen – Stichwort »Kontaktsperre« – machen. Vielmehr solltest du aus Eigenliebe handeln, weil du möchtest, dass es dir langfristig wieder gut geht, du dir die Zeit schenken möchtest, das Geschehene zu verarbeiten, daraus zu lernen und daran zu wachsen. Dein Verstand wird viele Argumente finden, die für die Fortsetzung des Kontaktes sprechen: »Wenn ich mich jetzt nicht melde, denkt er vielleicht, dass ich nicht um die Beziehung kämpfen würde«, »Ich will diesen Menschen, der ebenfalls mein bester Freund war, nicht vollends verlieren« oder »Wenn wir keinen Kontakt haben, verliebt er/sie sich vielleicht gleich erneut«. Nimm diese Gedanken wahr, denn sie sind da – und sie dürfen da sein. Verurteile sie nicht, versuche jedoch, diesen Impulsen nicht zu folgen.

In der ersten Zeit nach der Trennung sollten wir uns nicht zu sehr auf unser Bauchgefühl und unsere Instinkte verlassen. Diese verwechseln wir meist mit dem Anteil in uns, der für die Schmerzvermeidung zuständig ist. Wie bei einem Menschen unter Drogen sind wir ebenfalls in dieser Phase nicht vollkommen klar im Kopf.

Es geht darum, nicht das zu tun,
was sich gut anfühlt,
sondern das, was hilfreich ist.

AUFGABE

Erinnerungen und Kontaktdaten löschen

Was dich dabei unterstützt, Abstand zu deinem Ex-Partner zu erhalten? Halte dich bestmöglich an die folgenden Aspekte:

- Lösche die Telefonnummern deines Ex-Partners aus den Favoriten in deinem Handy, und speichere am besten noch einen Zusatz wie *Nicht anrufen!* vor seinem Namen.
- Blockiere alle Kanäle in den sozialen Medien, in welchen irgendeine Information von ihm erscheinen könnte.
- Lösche gemeinsame Bilder in den sozialen Medien und auf deinen Geräten, ebenso alte E-Mails und SMS-Nachrichten, oder schiebe sie zumindest in den Archiv-Ordner.
- Packe alle Erinnerungen, die in deiner Wohnung stehen, in eine Kiste, und räume diese in den Keller, oder wirf sie weg.

All diese Maßnahmen erfordern viel Disziplin, ersparen jedoch unnötige Schmerzen, da wir sonst dauernd diese Nachrichten lesen, auf der Suche nach Anhaltspunkten oder Fehlerquellen. Das bringt uns jedoch nicht weiter! Es geht jetzt um dich und deine Zukunft und nicht darum, was geschehen ist oder wie es interpretiert werden könnte. Auch nicht darum, was dein Ex-Partner gerade macht, postet oder für ein neues Profilbild hat.

Es gibt Umstände, in denen es unmöglich oder nicht sinnvoll ist, keinerlei Kontakt zu haben. Beispielsweise wenn ihr zusammen in einer Wohnung lebt, gemeinsame Kinder habt oder über den Beruf eng verbunden seid. In diesen Fällen solltest du dich, so gut es geht, im Kontakt mit dem Ex-Partner auf die wichtigen Sachthemen fokussieren. Manchmal ist es für uns selbst hilfreich, nochmals ein Gespräch zu suchen, um die Trennungsgründe besser verstehen zu können. Wenn das für dich in diesem Moment wichtig ist und nicht dazu dienen soll, den Ex-Partner von irgendetwas zu überzeugen, dann führe dieses Gespräch.

Doch danach empfehle ich dir keinen weiteren Kontakt. Weitere Gedanken dazu, warum der Ex-Partner in dem Moment der ungeeignetste Mensch ist, dir deinen Schmerz zu nehmen, liest du im Kapitel von Woche 11.

Suizidgedanken nach einer Trennung

Vermutlich jeder Mensch, der bereits eine schwere Trennung durchgemacht hat, kennt Gedanken wie »Ich kann nicht mehr! Wenn mich jetzt ein Lastwagen überfahren würde, dann wäre das okay«. Diese Selbstmordgedanken ohne konkrete Handlungsabsicht sind in einem solchen Zustand für gewöhnlich normal und bis zu einer gewissen Grenze in Ordnung.

Es ist verständlich, dass du in dieser schweren Zeit zutiefst entmutigt bist und manchmal am liebsten aufgeben würdest. Suizidgedanken bedeuten in den allermeisten Fällen nicht »Ich möchte nicht mehr leben«, sondern: »So möchte ich nicht mehr leben.«

Diese Gedanken sind nachvollziehbar, denn kein Mensch möchte in diesem Zustand leben, und der Drang und Wunsch nach Verbesserung ist eine gesunde Reaktion. Neben diesem Anteil in dir, der am liebsten nicht mehr weiterleben möchte, gibt es auch einen, der so nicht mehr weiterleben will und jetzt dieses Buch liest und aktiv zur Veränderung beitragen möchte. Und für diesen Anteil ist dieses Buch geschrieben, den Teil, der leben möchte, der die schöne Zukunft vor sich sieht.

Falls du konkrete Suizidgedanken haben solltest, wende dich bitte umgehend an einen psychiatrischen Dienst, einen Psychotherapeuten oder eine Seelsorge-Hotline, wie die Telefonseelsorge unter 0800-110111. Dort wird dir weitergeholfen.

AUFGABE

Deine Trennungskompetenz

Während des Trennungsschocks sieht unser Gehirn vieles unrealistisch und ist mit manchen Dingen einfach überfordert. Damit du dich daran erinnerst, welche Trennungskompetenz du bisher in deinem Leben gesammelt hast, machen wir eine kleine Übung:

Blicke dafür auf dein gesamtes Leben zurück, und denke an alle kleinen und großen Trennungen, die du überstanden hast. Beispielsweise die Trennung von lieb gewonnenen Kollegen, der Tod eines Angehörigen, das Verlassenwerden nach einer langjährigen Partnerschaft, der Auszug aus deinem Elternhaus, die Trennung von der ersten großen Liebe, die Trennung von deinem Lieblingsmeerschweinchen, welches gestorben ist, und eine der einschneidendsten Trennungen (auch wenn wir uns nicht mehr bewusst daran erinnern können): die Trennung von dem Eins-Sein mit deiner Mutter bei deiner Geburt.

Schreibe all die Erlebnisse auf, wovon du dich bereits in deinem Leben verabschieden musstest.

Wie hast du diese Trennungen und Abschiede überstanden? Eigentlich doch alle ganz gut, oder? Aus dieser Perspektive bist du demnach ein »Trennungsexperte« mit vielen Erfahrungen, Ressourcen und Widerstandskräften. Das mag nicht der heilsamste Trost sein und dir den Schmerz in diesem Augenblick auch nicht nehmen. Dennoch hat diese bewusste Auseinandersetzung mit deiner Trennungskompetenz eine heilsame Wirkung. Sie gibt uns – bewusst oder unbewusst – die Sicherheit, dass du es wieder überstehen wirst, selbst wenn die Situationen nicht alle vergleichbar sind und du im Moment noch nicht daran glauben kannst.

Die Trennungsdauer abschätzen

Eine der ersten Fragen, die Klienten mir stellen, ist die nach der Trennungsdauer: »Wann werde ich das alles überstanden haben?« Leider kann ich dir keine allgemeingültige Antwort darauf geben, wie lange eine Trennungsverarbeitung dauert. Dennoch möchte ich dir im Folgenden einige Faktoren nennen, von denen die Verarbeitungsdauer abhängt.

Zunächst etwas Grundlegendes. Eine Trennung ist eine seelische Verletzung, und bei diesen Wunden gilt in der Regel:

- Manche Verletzungen heilt die Zeit.
- Manche werden durch neue positive Erfahrungen geheilt.
- Manche heilen erst, wenn wir uns ihnen bewusst zuwenden.

Der letztgenannte Aspekt ist bei einer Trennung der wichtigste: selbst aktiv zu werden! Wir haben folglich einen großen Einfluss darauf und sind nicht auf Dauer diesem Zustand ausgeliefert. Das Gute ist: Du bist bereits mittendrin auf dem Weg der Besserung, denn du liest gerade dieses Liebeskummer-Buch. Das spricht dafür, dass du zu den Menschen gehörst, welche die schlimmste Zeit schneller überwinden werden.

Ich werde das schaffen!

Manche Menschen sind (vermeintlich) nach ein paar Wochen über die Beziehung hinweg und haben sich vielleicht bereits in jemand Neuen verliebt. Was jedoch kein Anzeichen dafür ist, dass diese die Trennung tatsächlich verarbeitet haben. Andere sind über den Ex-Partner auch nach Monaten oder Jahren noch nicht hinweggekommen. Warum ist das so?

Im Folgenden möchte ich Gründe aufzeigen, warum die Dauer der Trennungsverarbeitung derart unterschiedlich lang sein kann:

- **Wer hat sich getrennt:** Eine Trennung ist meist für beide Partner schmerzhaft. Derjenige, der sich trennt, hat jedoch mit dem Loslösungs- und Trennungsprozess schon viel früher begonnen. Er hat zum Zeitpunkt der Trennung bereits einen zeitlichen »Vorsprung«. Mit Fragen wie »Möchte ich noch zusammenbleiben?«, »Hat es Sinn, an der Beziehung zu arbeiten?« oder »Liebe ich meinen Partner überhaupt noch?« hat sich dieser bereits länger beschäftigt. Er ist schon wesentlich weiter im Prozess der Trennungsphasen. Wir selbst beginnen damit erst ab dem Tag der Trennungsaussprache. Daher ist ein Vergleich mit dem Zustand des Partners nicht sinnvoll.

- **Kontrolle und Einfluss:** Wir Menschen möchten am liebsten über alles die Kontrolle haben und selbstwirksam sein. An Entscheidungen, die wir nicht selbst treffen konnten, haben wir länger zu knabbern. Sobald jemand anderes über uns bestimmt und ohne unser Einverständnis eine Entscheidung trifft, gelangen wir schnell in ein Ohnmachtsgefühl. Diese Hilflosigkeit schmerzt zusätzlich zum Verlust der Partnerschaft. Es ist in anderen Lebensbereichen ebenfalls so, dass wir den Kontrollverlust spüren. Im Berufsleben macht es einen Unterschied, ob wir den Arbeitgeber verlassen oder von ihm gekündigt werden. Derjenige, der verlassen wurde, braucht daher länger zur Verarbeitung.

- **Trennungserfahrungen als Kind:** Unsere Erfahrungen mit Trennungen in der Kindheit haben einen großen Einfluss darauf, wie wir mit diesen im Erwachsenenalter umgehen können. Insbesondere frühkindliche negative Abschieds- und Trennungserlebnisse prägen uns. Beispielsweise die Trennung direkt nach der Geburt von der Mutter, wenn wir in den Brutkasten oder zu einer langen Untersuchung mussten und daher nicht bei ihr sein konnten. Spätere Trennungserfahrungen können ebenfalls Auswirkungen haben: der Tod des geliebten Haustiers, der Umzug des besten Schulkameraden in eine andere Stadt oder die täglichen Trennungen von unseren Eltern, wenn diese zur Arbeit gingen. Prägen kann uns zudem eine Trennung oder Scheidung unserer Eltern. Bei all diesen Trennungserfahrungen geht es vor allem darum, welche Unterstützung wir von unseren Eltern oder anderen Bezugspersonen erhalten haben: Wurden wir ernst genommen, wurden wir unterstützt, unsere Gefühle auszudrücken, konnten wir Bewältigungsstrategien erlernen, und hatten wir hilfreiche Vorbilder? Je weniger einschneidende Erfahrungen wir gemacht haben und je besser wir gelernt haben, mit diesen kleinen und großen Frustrationen umzugehen, desto leichter können wir uns für gewöhnlich mit einer Trennung im Erwachsenenalter zurechtfinden.

- **Trennungserfahrungen als Erwachsene:** Menschen, die bereits mehrere schwierige Trennungen erlebt haben, kommen meist schneller darüber hinweg. Jedoch nur, wenn sie sich mit den Themen der vorherigen Trennung aktiv auseinandergesetzt und etwas daraus gelernt haben. Selbst wenn die aktuelle Trennung erneut unglaublich schmerzt, hilft es, sich an bisherige Erfahrungen zu erinnern.

- **Ablenkung und Gefühle:** Einerseits ist es hilfreich, sich während eines Trennungsprozesses abzulenken. Wir können dabei auf andere Gedanken kommen, positive und heilende Erfahrungen sammeln und für Minuten oder Stunden aus dem Gefühlstief herauskommen. Das ist gut und hilfreich. Doch sich langfristig ausschließlich abzulenken verlängert die Trennungsverarbeitung.

- **Kontakte und Austausch:** Menschen, die sich in der Trennungszeit an Freunde oder Familie wenden und sich mit diesen austauschen, fallen weicher. Sie erfahren Fürsorge, Liebe und Nähe, können sich ausweinen und anlehnen. Der Austausch mit anderen Menschen ist Heilung und beschleunigt die Verarbeitung. Doch dieser Austausch hat auch Grenzen, weil wir nicht monatelang den gleichen Menschen die »gleiche« Geschichte erzählen möchten oder können.

- **Selbstwert und Selbstliebe:** Menschen mit einem höheren Selbstwert verarbeiten eine Trennung für gewöhnlich schneller. Wenn ich tief in mir weiß und spüre, dass mein Wert als Mensch unabhängig von der Zuneigung des Ex-Partners ist, brauche ich diesen weniger für die Stabilisierung meines eigenen Selbstwerts.

- **Unabhängigkeit und Selbstständigkeit:** Je unabhängiger meine Lebenszufriedenheit von einer Partnerschaft ist, desto leichter werde ich den Trennungsschmerz überwinden. Ist mein gesamtes Leben auf den Partner fokussiert und habe ich diesem – meist unbewusst – die Verantwortung für mein Glück übertragen, wird das vermutlich zu einer längeren Verarbeitung führen. Denn plötzlich ist dieser »Glückslieferant« nicht mehr da, und ich bin aufgefordert, mich wieder selbstverantwortlich um meine Zufriedenheit zu kümmern.

So weit die Faktoren, die einen Einfluss auf unsere Trennungsverarbeitungsdauer haben. Auf meiner Webseite habe ich einen Test erstellt, bei dem du anhand von 20 Fragen eine grobe Orientierung bekommst, wie weit du in deinem Prozess schon vorangekommen bist. Neugierig?

Den Test findest du hier:
wielandstolzenburg.de/liebeskummer-buch

Die nachfolgende Wochenreflexion wirst du ab sofort am Ende jedes Kapitels finden. Sie ist immer gleich aufgebaut und ermöglicht dir, jeweils die letzte Woche und all die Geschehnisse zu reflektieren: Was lief gut, was war hart für dich …?

REFLEXION

Wie ging es mir in Woche 1?

Fülle zum Abschluss dieser Woche aus, wie die letzten 7 Tage für dich waren.

1. Wie ich die letzte Woche in einem Satz beschreibe …

2. Das Beste, was ich diese Woche gemacht habe …

3. Mein Bedürfnis, meinen Ex-Partner in der letzten Woche zurückzugewinnen, war ...
☐ sehr groß ☐ groß ☐ etwas ☐ gering ☐ nicht vorhanden

4. Was ich im Rückblick auf diese Woche meinem Ex-Partner alles sagen würde …

5. Warum es sich gelohnt hat, in der letzten Woche zu leben …

6. Was ich mir für die nächste Woche vornehme …

Woche 2: Das Ungeliebte akzeptieren

Der Schock nach der Trennung kann einige Tage bis zu mehreren Wochen andauern. Während der Zeit versuchen wir – verständlicherweise –, uns gegen das zu wehren, was gerade Realität ist: die Schmerzen, Sorgen, Hoffnungslosigkeit und negativen Gefühle. Alle möglichen Strategien kommen zum Einsatz, doch irgendwie scheint der Kampf gegen das Unangenehme und Schmerzhafte nicht zu funktionieren, obwohl wir uns nichts sehnlicher wünschen. Vielleicht hilft mal eine kurze Ablenkung, wie eine neue Serie anzuschauen, zu schlafen oder mit Freunden zu sprechen – doch dann meldet sich der Schmerz wieder recht schnell.

Wir blicken in dieser Woche auf die folgenden Aspekte:

- Die Annahme des Beziehungsendes
- Die Geduld uns selbst gegenüber
- Die Sehnsucht nach dem Ex-Partner

Ein guter Umgang mit diesen drei Aspekten ist hilfreich, um die wichtigen Schritte raus aus der ersten Trennungsphase, dem Schock, zu gehen.

Die Annahme des Beziehungsendes

Das anzunehmen, was gerade ist, ist einer der Knackpunkte nach jeder Trennung – und gilt für den gesamten Trennungsprozess. »Warum sollte ich denn diese bescheidene Situation annehmen?«, fragst du dich vielleicht. Annahme des Ist-Zustandes ist der in meinen Augen wichtigste Prozess auf dem Weg der Trennungsverarbeitung. Er hat den größten Einfluss darauf, wie schnell und wie nachhaltig wir das Beziehungsende verarbeiten. Etwas in voller Tiefe anzunehmen geschieht selbstverständlich nicht von der einen auf die andere Sekunde. Wir können uns nicht entscheiden und sagen »Jetzt habe ich es angenommen«. Was wir jedoch können, ist, die Entscheidung zu treffen, alles dafür zu geben, das Hier und Jetzt annehmen zu lernen. Dazu gehört es auch, uns selbst anzunehmen, wie wir gerade sind – mit dem verweinten Gesicht, der Ohnmacht, den Selbstvorwürfen und was sich eben noch alles zeigt.

Warum ist die Annahme der Ist-Situation eigentlich so wichtig? Stell dir vor, du liegst in einem kleinen Boot und treibst einen Fluss hinunter. Mal ist der Fluss ruhig, und du schaukelst gemütlich mit der Strömung, mal gibt es wilde Abschnitte, die herausfordernd sind. Was vermutest du? Wenn du in eine Stromschnelle kommst, wirst du besser durch diesen unruhigen Abschnitt kommen, wenn du dagegen anruderst oder wenn du dich vom Fluss treiben lässt? Ja, es liegt auf der Hand. Es wäre gefährlicher, wenn du gegen die Wassermassen ankämpfst. Demnach bleibt dir lediglich eine Alternative: ruhig im Boot zu liegen und dich durch die Flusswindungen treiben zu lassen. Das erfordert Vertrauen.

Das Gleiche gilt nach einer Trennung: Es gibt Situationen, in denen du etwas aktiv tun kannst (die ruhigen Gebiete), und es gibt Bereiche, in denen du loslassen und vertrauen sowie das annehmen solltest, was du fühlst (die unruhigen Gebiete).

AUFGABE

Deine Akzeptanz des Beziehungsendes

Diese Aufgabe fällt nicht immer leicht, denn sie konfrontiert uns mit etwas, was wir meist nicht möchten: der Akzeptanz der Trennung. Mache auf der Linie ein Kreuz an der Stelle, an der du dich gerade befindest. Sei dabei ehrlich. Es geht nicht darum, wo du sein müsstest oder gern wärst, sondern wo du gerade wirklich bist.

Ich habe die Trennung vollständig akzeptiert

Ich habe die Trennung überhaupt nicht akzeptiert

Wie geht es dir mit deinem Kreuz? Kannst du es annehmen, dass du dich genau dort befindest? Atme ein paar Mal in Ruhe ein und aus, und nimm deine Gefühle wahr. Oft zeigt sich eine große Trauer, wenn wir uns ganz konkret bewusst machen, dass die Beziehung vorbei ist.

»Wer mit sich selbst in Frieden leben will, muss sich so akzeptieren, wie er ist.«

SELMA LAGERLÖF

AUFGABE

Das ultimative Trennungs-Bingo

Ein wenig Aufheiterung zwischendurch. Streiche alle Kästchen mit den Sätzen durch, die du von deinem Ex gehört hast. Wenn du drei in einer Reihe (horizontal oder vertikal) durchgestrichen hast, dann springe auf, und schreie laut »Bingo«. Mache am besten ein Foto davon, und schicke es deiner besten Freundin oder deinem besten Freund.

Es liegt nicht an dir.	Ich brauche einfach mehr Zeit für mich.	Wir können ja befreundet bleiben.
Ich liebe dich, aber …	Es gibt niemand anderen.	Du hast jemand Besseren verdient.
Wir haben uns einfach auseinandergelebt.	Ich weiß nicht, wie ich es sagen soll.	Ich habe gemerkt, dass ich mich zurzeit nicht binden kann.

Bevor wir uns weiter hinten im Buch mit den Dingen befassen, die du in den ruhigen Gebieten machen kannst, möchte ich dir noch einige grundsätzliche Gedanken zum Thema »Annahme« mit auf den Weg geben. Wir Menschen sind häufig wahre Experten darin, uns selbst zu kritisieren und abzuwerten – insbesondere nach einer Trennung:

- Wir mögen unsere Gefühle nicht.
- Wir tragen Schuldgefühle mit uns herum.
- Wir kritisieren unser Verhalten.
- Wir wären gern anders oder woanders.

Wir lehnen uns ab, wie wir sind, und wir machen das Gleiche häufig mit den Umständen, in denen wir uns befinden. Wir sind folglich im Widerstand gegen das, was ist, gegen die Realität, wie beispielsweise unsere Gefühle. Das Blöde daran ist, dass noch niemand gegen die Realität gewonnen hat und somit auch nicht gegen sich selbst, wie eben die Gefühle. Das Unterdrücken gelingt ausschließlich für eine gewisse Zeit. »Ich bin dann mal weg« hilft daher leider nicht. Der Therapeut Werner Bock hat zu diesem Thema Folgendes gesagt:

*»Was ist, darf sein,
und was sein darf,
kann sich verändern.«*

Die Dinge, die wir in und an uns ablehnen und bekämpfen, werden sich schwer verändern oder auflösen, sondern vielmehr das, was wir annehmen. Wenn wir lernen, uns mit unseren Gefühlszuständen und Eigenschaften anzunehmen, werden Veränderungsschritte möglich und passieren manchmal wie von selbst oder spontan. Bei externen Dingen wird es nicht jederzeit gelingen, dass sie sich verändern. Wenn ich die Trennung annehme, wird mein Ex-Partner dadurch nicht wieder zurückkommen. Doch meine innere Zufriedenheit kann sich zum Positiven verändern. Denn dann sind wir nicht mehr im Widerstand, sondern leben nach dem Motto:

Lerne, das zu lieben, was ist.

Es geht demnach um die Haltung uns selbst gegenüber: liebevolles Mitgefühl sowie eine ehrliche und vorurteilsfreie Annahme. Genau so, wie wir in diesem Moment sind und mit welchen Umständen wir konfrontiert werden. Das bedeutet, wir nehmen an, dass wir traurig oder ohnmächtig sind, dass wir gern die Kontrolle hätten, sie aber nicht haben, oder dass wir unseren Ex-Partner gern wieder zurückhätten, aber wissen, dass das nicht zielführend ist. Annahme heißt allerdings nicht, dass wir im Trennungsschmerz stecken bleiben sollten. Wir können dennoch Ziele haben und aktiv werden.

Impuls für zwischendurch

Es gibt verschiedene Studien, die darauf hinweisen, dass Lächeln unsere Stimmung verbessern kann. Selbst wenn es in dem Moment keinen Grund zum Lachen gibt. Die Forscher vermuten, dass dieser Effekt mit der Mimik zu tun hat. Wenn wir unseren Mundwinkel hochziehen, wird unser Glücksareal im Gehirn stimuliert. Probiere es mal aus, ziehe die Mundwinkel hoch, lächle und freue dich ...

Nach einer gewissen Zeit ist es folglich wichtig, sich innerlich zu verabschieden:

- Von der Partnerschaft und dem Bild, dass es mit diesem Partner weitergeht.
- Von dem Menschen und allem, was zu ihm gehört.
- Von der Hoffnung, dass es sich doch noch zum Guten wendet.
- Von der Erwartung, jemals wieder etwas von diesem Menschen (auf partnerschaftlicher Ebene) zu bekommen.

Das gilt es anzunehmen und zu akzeptieren, selbst wenn der Herzschmerz bei diesen Gedanken unendlich groß sein mag. Eine Differenzierung kann diesen vielleicht etwas lindern, denn es ist kein Abschied von dem, was du bekommen und gegeben hast. All das kann dir keiner mehr nehmen! Die Liebe und das Vertrauen, das du gegeben hast, kannst du jedoch zu dir zurücknehmen und irgendwann jemand anderem geben, wenn du dazu bereit bist. Doch dazu später mehr.

Ich bin, wie ich bin. Und das ist gut so.

Im Folgenden möchte ich dir einige konkrete Schritte an die Hand geben, die sich als hilfreich erwiesen haben:

- **Konfrontation:** Rufe dir in Erinnerung, dass Annahme die Voraussetzung für Veränderung ist. Anschließend geht es darum, dieser unliebsamen Realität ins Auge zu blicken: dem Beziehungsende. »Ja, es ist vorbei!« wäre ein möglicher Satz dafür. Selbst wenn es uns an unsere Grenzen bringt, es ist ein wichtiger Schritt.

- **Entscheidung:** Du kannst dich bewusst dazu entscheiden, dich mit der Trennung abzufinden. Auch wenn es dir schwerfällt und ein anderer Teil in dir damit überhaupt nicht einverstanden sein wird. Je öfter du die Entscheidung triffst und dir sagst »Ja, ich akzeptiere die Trennung«, desto hilfreicher.

- **Gefühle:** Wenn du dich bewusst entschieden hast, folgen meist diese Gefühle: Trauer oder Wut, Ohnmacht oder Schwere. Versuche, sie wahrzunehmen, sie da sein zu lassen, zu fühlen. Wie dir das am besten gelingen kann, zeige ich dir in Woche 3.

- **Geduld:** Der Prozess der Annahme braucht Zeit. Wichtig ist weniger die Geschwindigkeit, in der du dich fortbewegst. Vielmehr geht es darum, dass du damit beginnst und dranbleibst. Je früher du damit anfängst, desto einfacher wird der gesamte weitere Trennungsverlauf für dich. Denn dann bist du nicht im Widerstand, sondern in der Annahme, im Fluss.

Das ist unser Stichwort, nochmals zurück zum Bild der Bootsfahrt zu kommen. Die unruhigen Gewässer in der Trennungszeit gilt es anzunehmen und dich hinzugeben: dem Beziehungsende, deiner Gefühlswelt, deinen Schmerzen, deiner Hoffnungslosigkeit und allem, was sich noch in dir zeigt. In den ruhigen Gewässern kannst du jedoch vieles beeinflussen, unter anderem dein Denken, Handeln, Reflektieren, Lernen und Bewerten. All diesen Bereichen wenden wir uns in den weiteren Kapiteln zu.

AUFGABE

Crazy-Dance

Unsere Emotionen sind in unserem Körper gespeichert. Daher ist es so wichtig, diesen mitzunehmen. Gibt es eine bestimmte Musik, zu der du gern tanzt? Drehe diese laut auf, und bewege dich dazu möglichst unkontrolliert und verrückt mit allen Körperteilen. Es darf völlig verrückt aussehen. Du kannst auch nur die Arme und Beine ausschütteln, auf und ab hüpfen oder auf den Boden stampfen. Es gibt dabei kein Richtig und Falsch. Fokussiere dich auf die Bewegungen und deinen Körper. Wenn sich dein Verstand meldet, versuche, wieder deinen Körper und die Musik wahrzunehmen.

Bist du bereit? Lege das Buch für einige Minuten zur Seite, und probiere es aus.

Wie ging es dir dabei, hat sich etwas verändert? Dieser Tanz bedarf der Übung. Am Anfang ist häufig unser Kopf noch sehr aktiv, weil er bewertet, sich Bewegungen überlegt, sich fragt, was die Übung soll. Doch mit der Zeit wirst du mehr und mehr davon profitieren.

Mache den Crazy-Dance für mindestens 5 Minuten, gern auch länger. Und am besten immer dann, wenn du den Eindruck hast, du bist im Tal der Tränen. Schreibe anschließend auf, wie es dir gerade geht.

Ich fühle mich gerade …

____

____

____

Das Tanzen war …

____

____

____

Was sich durch den Tanz verändert hat …

____

____

____

Die Geduld uns selbst gegenüber

Wir alle wollen den Trennungsschmerz schnell überwinden und haben häufig einen hohen Anspruch an uns selbst, das schnell und »professionell« hinzubekommen.

AUFGABE

Deine Akzeptanz des Beziehungsendes

Lass uns zurück zu einer der vorherigen Aufgaben blicken. Zeichne als erstes nochmals das Kreuz an der gleichen Stelle ein, an welcher du es auf Seite 51 eingetragen hattest.

Wie viel Zeit gibst du dir, von dem IST-Zustand zu deinem WUNSCH-Zustand zu kommen?

Trage hier die Dauer ein:
Ich gebe mir ______ Wochen.

Ich habe die Trennung
vollständig akzeptiert

Ich habe die Trennung
überhaupt nicht akzeptiert

Nimm nun einen andersfarbigen Stift, und mache ein zweites Kreuz an der Stelle, an der du gern sein möchtest. Immer unter der Annahme, dass du mit deinem Ex-Partner nicht mehr zusammenkommen wirst – denn dieser Anteil in uns möchte das Kreuz vielleicht gar nicht machen oder an einer ganz anderen Stelle.

Vermutlich hast du das Kreuz recht weit oben gemacht, dass du die Trennung vollständig akzeptiert hast, richtig? Und nun trage neben der Linie ein, wie viel Zeit du dir erlaubst für die Trennungsverarbeitung: von heute, deinem ersten Kreuz und IST-Zustand, bis zu deinem ZIEL-Zustand, deinem zweiten Kreuz. Sind es Tage, Wochen, Monate oder Jahre? Ist das realistisch, was du eingetragen hast?

Natürlich haben wir den Wunsch, den Trennungsschmerz baldmöglichst hinter uns zu lassen und wieder mehr Lebensfreude und Leichtigkeit zu spüren. Doch wenn wir uns selbst zu stark unter Druck setzen, diesen schnellstmöglich und in wenigen Wochen komplett zu überwinden, dann brauchen wir umso länger. Ja, je mehr wir uns damit selbst stressen, desto länger bleiben wir im Tal der Tränen. Daher ist es so wichtig, dass du dir die Zeit nimmst, die dein gesamtes System benötigt: deine Gefühlswelt, deinen Gedanken, dein Bewusstsein und dein Unterbewusstsein.

Im Allgemeinen wird unsere Verarbeitungsdauer der Trennung durch die folgenden Aspekte verlängert:

- Wenn du dich gegen die Trennung wehrst.
- Wenn du versuchst, die Gefühle zu unterdrücken.
- Wenn du dich beeilen willst und dich selbst unter Druck setzt.
- Wenn du vor dir selbst wegrennst und dich nicht reflektierst.

AUFGABE

Deine Geduld mit dir

Wenden wir uns einer weiteren kleinen Aufgabe zu. Kreuze im Folgenden die Sätze an, welchen du aktuell zustimmst und welche du umsetzen möchtest:

- [ ] Ich gebe mir die Zeit, so lange die Trennungsüberwindung braucht.
- [ ] Ich bin geduldig mit mir selbst.
- [ ] Ich setze mich nicht unter Druck.
- [ ] Ich werte mich nicht ab, wenn ich mal einen vermeintlichen Rückschritt mache.
- [ ] Ich lasse mich nicht von anderen Menschen antreiben.
- [ ] Ich bin liebe- und rücksichtsvoll zu mir selbst.

Zähle nun die Anzahl deiner Kreuze zusammen, für jedes Kreuz gibt es einen Punkt.

- Du hast 5 oder 6 Punkte? Yeah!
- Du hast 3 oder 4 Punkte? Geht da noch mehr?
- Du hast 0 bis 2 Punkte? Vielleicht liest du das Kapitel noch mal …

Egal, wie viele Punkte du hast, es gilt auch hier: Kannst du dich mit allem so annehmen, wie es ist? Oder hättest du es gern anders? Das hier ist eine wunderbare Möglichkeit, die Selbstannahme zu lernen.

Die Sehnsucht nach dem Ex-Partner

Nach dem Beziehungsende erleben wir ein Wechselbad der Gefühle. Manchmal sind diese sehr verwirrend, und wir wissen nicht, wie wir mit ihnen umgehen sollen. Beispielsweise sind wir einerseits wütend auf den Ex-Partner, und im nächsten Augenblick wünschen wir uns, ihn im Arm halten zu können, und haben große emotionale oder körperliche Sehnsucht nach ihm.

Es ist üblich, dass sich widersprüchliche Gefühle zeigen – teils im Wechsel von nur wenigen Sekunden. Beide haben ihre Berechtigung: *Ich liebe und hasse dich* oder *Ich verachte und vermisse dich!* Erlaube dir, dass diese Gefühle alle da sein dürfen. Lass alles zu, was sich zeigt, und versuche, es nicht zu hinterfragen, zu bewerten oder zu verändern.

Selbst wenn sich dein Ex-Partner während der Zeit der Trennung oder während der Beziehung nicht besonders vorbildlich verhalten haben sollte, meist gibt es dennoch einen Anteil in uns, der den ehemaligen Partner vermisst, begehrt und noch liebt. Liebe ist kein Schalter, den wir umlegen können. Das Gleiche gilt zu Beginn einer Partnerschaft, denn die Liebe in uns wächst ebenfalls mit der Zeit. Je mehr du dir eingestehst, dass du deinen Ex-Partner noch liebst (wenn das so sein sollte), und diese Liebe zulässt und nicht wegschiebst, desto freier wirst du. Falls du kurz darauf wieder wütend auf ihn bist oder ihn verachtest, lass diese Gefühle ebenfalls zu.

Es kann dich niemand daran hindern, deinen Ex-Partner weiterhin zu lieben. Wie Paulo Coelho es in seinem Roman *Untreu* auf den Punkt bringt: *Meine Liebe gehört mir, und ich bin frei, sie wem auch immer zu schenken, auch wenn sie nicht erwidert wird.* Selbst wenn diese Liebe nicht erwidert wird, ist es wichtig, deine eigene nicht zu unterdrücken. Irgendwann – damit befassen wir uns weiter hinten im Buch – kannst du diese Liebe wieder zu dir zurücknehmen und gegebenenfalls jemand anderem schenken. Die Entscheidung darüber liegt in deiner Hand. Das Gute daran ist: Du hast als Einziger einen Einfluss darauf, die Macht liegt bei dir.

Denke immer daran:
Deine Fähigkeit zu lieben
ist mit dem Beziehungsende nicht zerstört.
»Nur« die Liebe zu oder von
dieser Person hat sich verändert.

Genau das gilt es anzunehmen, dass du immer wieder widersprüchliche Gefühle hast und das kein Fehler von dir ist. Es ist auch kein Widerspruch, wenn du deinen Partner noch liebst und gleichzeitig die Trennung akzeptierst. Häufig haben wir in dieser Phase das Bedürfnis, unserem Ex-Partner vieles zu sagen oder ihn zu fragen. Ich empfehle dir weiterhin, dich mit dir zu beschäftigen und keinen Kontakt zu ihm aufzunehmen. Das heißt jedoch nicht, dass du deine Gedanken für dich behalten und sie damit ignorieren musst, denn es gibt eine hilfreiche Methode:

AUFGABE

Schreibe einen Brief an deinen Ex-Partner

Schreibe einen Brief an deinen Ex-Partner mit all dem, was du ihm sagen oder ihn fragen möchtest – ohne diesen letztendlich abzusenden. Am besten sprichst du ihn in den Texten direkt an. Das ist eine der effektivsten Übungen, die bei der Verarbeitung der Gefühle hilft, das Gedankenkarussell unterbricht und mehr Klarheit ermöglicht. Als hilfreich für den Brief haben sich die auf der nächsten Seite genannten Aspekte erwiesen.

Nimm dir für diese Aufgabe ausreichend Zeit, am besten eine halbe Stunde oder mehr. Wenn der Platz nicht ausreicht, dann schreibe auf anderen Blättern weiter.

_______________ (Name deines Ex-Partners eintragen), ich bin wütend auf dich, weil …

_______________, ich liebe dich noch, weil …

___________________________, ich bin enttäuscht von dir, weil …

___________________________, ich hätte mir gewünscht, dass …

______________________, ich vermisse …

Und alle weiteren Gedanken und Dinge, die du ihm sagen möchtest:

Wie geht es dir nach dem Schreiben? Wir können dabei an viele verschiedene Gefühle kommen, und gleichzeitig kann es so erleichternd sein, mal alles rauszulassen. Wenn das eine hilfreiche Übung für dich war, dann wiederhole sie – anfangs gern auch täglich!

Wie du am besten mit deinen Gefühlen umgehst, darauf blicken wir im nächsten Kapitel. Doch davor möchte ich dir noch einen Vergleich aufzeigen, der dich unterstützen soll, keinen Kontakt mit deinem Ex-Partner aufzunehmen.

In unserem Gehirn laufen bei Liebesentzug ähnliche Prozesse ab wie bei Süchtigen, die auf Drogenentzug sind. Wir haben nachweislich Entzugserscheinungen, und unser Ex-Partner ist dabei unsere Droge. Wenn wir diese nicht mehr bekommen, sucht unser Gehirn nach Ersatz: Als Methadon, die Ersatzdroge, welche Abhängige bei Drogenentzug erhalten, findet unser Unterbewusstsein häufig Erinnerungen an die gemeinsame Zeit; Mutmaßungen, wie die Trennung verhindert hätte werden können, oder Fragen, auf die es selten eine Antwort gibt.

Wir sind auf der Suche nach dem nächsten »Schuss« und wissen nicht, dass wir uns wie Süchtige verhalten.

»Und es kam der Tag, da das Risiko,
in der Knospe zu verharren,
schmerzlicher wurde
als das Risiko zu blühen.«

ANAÏS NIN

Das Einzige, was dir tatsächlich hilft, ist Entzug! Das heißt, dass jeder Blick zurück, jede Kontaktaufnahme mit dem Ex-Partner, jede Erinnerung oder jeder Blick auf die Facebook-Seite deine Sucht nährt und dich im Schmerz gefangen hält. Heilung wird dadurch erschwert.

Vermeide daher möglichst jeden Kontakt zu deinem Ex-Partner, ob in deinen Gedanken oder im wahren Leben. Suche dir stattdessen passenden Ersatz: Unternehmungen mit Freunden, Sport, Tanzen, Schreiben …

REFLEXION

Wie ging es mir in Woche 2?

Fülle zum Abschluss dieser Woche aus, wie die letzten 7 Tage für dich waren.

1. Wie ich die letzte Woche in einem Satz beschreibe …

2. Das Beste, was ich diese Woche gemacht habe …

3. Mein Bedürfnis, meinen Ex-Partner in der letzten Woche zurückzugewinnen, war ...
☐ sehr groß ☐ groß ☐ etwas ☐ gering ☐ nicht vorhanden

4. Was ich im Rückblick auf diese Woche meinem Ex-Partner alles sagen würde …

5. Warum es sich gelohnt hat, in der letzten Woche zu leben …

6. Was ich mir für die nächste Woche vornehme …

Woche 3: Der Umgang mit Schwere und Trauer

Es gibt nur wenige andere Lebensereignisse, die uns in ein so tiefes Loch stürzen können, wie vom Partner verlassen zu werden. So kämpfen wir mit den unterschiedlichsten Gefühlszuständen. Genau auf diese und wie du damit einen guten und zielführenden Umgang pflegst, blicken wir in diesem Abschnitt. Es geht um Folgendes:

- Ja, ich darf meine Gefühle fühlen
- Ja, ich darf mich schwach fühlen
- Ja, ich darf mich ohnmächtig fühlen
- Ja, ich darf traurig sein
- Ja, ich darf mich schämen

Bevor wir uns diesen Aspekten zuwenden, möchte ich dir noch etwas Grundlagenwissen zu Gefühlen vermitteln. Was ist überhaupt ein »Gefühl«? Als Gefühl wird vieles verstanden, wie beispielsweise Aggression, Angst, Begeisterung, Enttäuschung, Freude, Hass, Hilflosigkeit, Kränkung, Liebe, Selbstsicherheit, Trauer und Trotz. In Forschung und Wissenschaft werden oft Freude, Wut, Trauer, Angst, Ekel, Scham, Schuld und Überraschung zu den Basisgefühlen gezählt.

»Das Gasthaus: Das menschliche Dasein ist ein Gasthaus. Jeden Morgen ein neuer Gast. Freude, Depression und Niedertracht – auch ein kurzer Moment von Achtsamkeit kommt als unverhoffter Besucher. Begrüße und bewirte sie alle! Selbst wenn es eine Schar von Sorgen ist, die gewaltsam dein Haus seiner Möbel entledigt, selbst dann behandle jeden Gast ehrenvoll. Vielleicht bereitet er dich vor auf ganz neue Freuden. Dem dunklen Gedanken, der Scham, der Bosheit – begegne ihnen lachend an der Tür, und lade sie zu dir ein. Sei dankbar für jeden, der kommt, denn alle sind zu deiner Führung geschickt worden aus einer anderen Welt.«

RUMI

AUFGABE

Dem Gefühl ein Gesicht geben

Was fühlst du gerade am stärksten in deinem Körper? Lass uns das einmal zusammen erkunden: Wo in deinem Körper befindet sich dieses Gefühl? Markiere die Stelle auf der folgenden Abbildung.

Was passiert dort genau? Kribbelt es, zieht es sich zusammen, drückt es, möchte es explodieren, implodieren …?

____

____

____

Wenn das Gefühl ein Geräusch machen könnte, welches wäre es?

____

____

____

Welche Farbe, Form, Größe und Konsistenz hat das Gefühl in deinem Körper? Zeichne hier, wie es aussieht:

Wenn dieses Gefühl einen Namen hätte, wie würde es heißen?

____

Es ist immer hilfreich, die Dinge in uns zum einen wahrzunehmen und zum anderen zu konkretisieren. Dann ist es nichts Diffuses mehr, sondern wird konkreter und greifbarer. Und mit etwas Realem können wir alle besser umgehen.

Nimm dir nun 5 Minuten Zeit, und lege deine Hand genau auf die Stelle an deinem Körper, wo dein Gefühl sitzt. Erlaube dem Gefühl, dass es genau so da sein darf, wie es sich zeigt. Versuche, es nicht zu verändern, wegzumachen oder was auch immer mit ihm anzustellen. Nimm einfach wahr, was in dir passiert und wie sich das Gefühl möglicherweise von selbst verändert. Kannst du es vielleicht sogar für einen Moment lieb haben?

Du kannst mit diesem Gefühl auch wie mit einem Menschen sprechen: Sag »Hallo«, frage, wie es ihm geht, was es im Moment von dir braucht, und erzähle ihm, wie es dir mit ihm geht: etwa dass es dir schwerfällt, es voll anzunehmen, oder auch, dass es da sein darf und du dich freust, wenn ihr einen guten Kontakt zueinander findet und euch das Leben gegenseitig nicht unnötig erschwert.

Für gewöhnlich unterscheiden wir unsere Gefühle nach guten und schlechten: Die positiven Gefühle wie Freude oder Dankbarkeit und die negativen wie Wut, Angst oder Trauer. Doch an sich ist kein Gefühl positiv oder negativ, es ist *nur* unsere Bewertung, die es zu solchen macht. Alle Gefühle sind wichtig, heute wie in der gesamten Evolution, wie beispielsweise die Angst vor dem Säbelzahntiger oder die Überquerung einer Autobahn zu Fuß.

Ohne die Angst würden wir als Menschen in beiden Fällen nicht lange überleben. Jedes Gefühl hat seine Daseinsberechtigung, denn sie geben uns immer Hinweise in unserem Leben. Auch wenn wir – insbesondere nach einer Trennung – andere Gefühlszustände bevorzugen. Welche Gefühle sich da zeigen, ist individuell. Es ist folglich kein Fehler, wenn wir nicht alle fühlen. Wir können mit unserem Verstand nicht einfach unsere Gefühle verändern. Im limbischen System im Gehirn sitzt der Teil, der für unsere Gefühle und Triebe und damit für unser psychisches Befinden verantwortlich ist. Der Neokortex in der Großhirnrinde steuert hingegen Gedanken und Sprache – er hat jedoch keinen direkten Einfluss auf unser limbisches System. Das zeigt sich bei ganz normalen Situationen. Stell dir vor, du betrittst am Grand Canyon den *Skywalk*, das ist ein Glasboden, auf dem man die Felsen unter sich beobachten kann. Obwohl unser Verstand weiß, dass dieser gut gesichert ist und bereits Tausende Menschen gefahrlos darauf gelaufen sind, zeigt sich bei vielen dennoch eine große Angst. Einige krabbeln auf allen vieren langsam auf der Glasplattform nach vorn. Da in dieser Situation unser emotionales Gehirn die Kontrolle übernimmt, kann die Angst oder Panik nicht vom Verstand beendet werden.

Linktipp

Wir werden in unserem Leben nahezu jeden Tag mit kleinen oder großen Herausforderungen konfrontiert. Es ist normal, dass wir auf solche Situationen mit Wut, Trauer, Enttäuschung oder Frustration reagieren. Doch müssen wir zwangsläufig so reagieren, oder bestehen andere Reaktionsmöglichkeiten? Dazu habe ich einen TEX-Talk gehalten.

Das Video findest du unter:
wielandstolzenburg.de/liebeskummer-buch

AUFGABE

Die Beobachterrolle einnehmen

Die sogenannte Beobachterposition ist in meinen Augen eine der effektivsten Möglichkeiten, aus dem Leiden zu kommen. Wer sich voll präsent selbst beobachtet, kann nicht gleichzeitig denken und leiden oder sich freuen und hoffen. Das, was du beobachten kannst, das kannst du nicht im gleichen Moment selbst auch noch sein: Du kannst nicht der Schauspieler auf der Theaterbühne sein und gleichzeitig im Saal sitzen und diesen Schauspieler beobachten. Wenn wir uns beobachten, werden wir von der Person, die denkt oder leidet, zu der Person, die eine denkende oder leidende Person beobachtet. Für diesen Moment sind wir raus aus dem Schmerz. Selbst wenn das vielleicht zu Beginn merkwürdig klingt, möchtest du es einmal ausprobieren? Schlüpfe in die Beobachterrolle, und betrachte dich wie von oben aus der Vogelperspektive oder von vorn aus einer Kameraperspektive: Wer sitzt da mit dem Trennungsratgeber in der Hand? Wie geht es der Person, was fühlt sie, was denkt sie, was beschäftigt sie? Schließe für einige Augenblicke deine Augen und beobachte. Schreibe danach auf, was du beobachtet hast. Etwa in der folgenden Art und Weise: *Die Person, die ich gerade beobachtet habe, dachte viel an den Ex-Partner, und eine leichte Trauer stieg in ihr auf… Doch diese schob er/sie recht schnell beiseite. Ihm/Ihr fällt es wohl schwer, sich dem Fühlen hinzugeben …* Während du dich mithilfe der Beobachterrolle selbst besser kennenlernst, verlässt du für diese Momente den Schmerz.

Die Person, die ich beobachtet habe, hat in den letzten Minuten …

____

____

____

____

Wie ging es dir mit diesem Perspektivenwechsel? Ist es dir gelungen, dich zu beobachten – wenn auch nur für einige Sekunden? Konntest du gleichzeitig neben dem Beobachten noch denken oder leiden?

Ja, ich darf meine Gefühle fühlen

Wenn wir körperliche und seelische Schmerzen haben, ist es verständlich, dass wir diese am liebsten sofort loshaben und loslassen möchten. Doch ist der Plan, keine Schmerzen zu fühlen und diesen zu entkommen, wirklich der zielführendste und nachhaltigste?

Gefühle wollen leben.

Das ist ihr einziges Bedürfnis: gefühlt und ausgedrückt zu werden. Sie entstehen in uns und suchen den Weg nach außen. Wenn wir sie nicht ausleben, verbleiben sie im Körper. Gefühle zu unterdrücken ist wie einen Ball unter Wasser halten – das ist möglich, kostet aber unglaublich viel Kraft und gelingt nicht auf Dauer.

Das Unterdrücken ist demnach nicht der beste Weg, denn Gefühle sind stets real. Wir können uns verrechnen oder verlaufen, wir können uns aber nicht ver-fühlen. Wir verlernen meist im Lauf unseres Lebens einen sinnvollen Umgang mit unseren Gefühlen. Statt sie zu fühlen, machen wir etwas anderes mit ihnen: Zum Beispiel bewerten, unterdrücken, vergrößern oder verkleinern wir sie. Das ist ausschließlich auf kurzfristige Sicht hilfreich. Doch was ist der bessere Weg?

Der zielführende Umgang mit dem Fühlen

Sinnvoll ist in meinen Augen das wahrhaftige Fühlen. Es geht darum, dem jeweiligen Gefühl genügend Raum zu geben. Dabei geht es einerseits um das Ausdrücken der Gefühle und andererseits um die innere Haltung ihnen gegenüber. Gefühle benötigen Aufmerksamkeit, Wohlwollen und Zeit, ein liebevolles Hinwenden – wie ein kleines Kind, das traurig ist und für das du da bist. Wenn dir diese Haltung deinem eigenen Schmerz, deinen eigenen Gefühlen gegenüber gelingt, dann bist du auf dem besten Weg der Heilung und Verarbeitung.

AUFGABE

Deine Gefühle fließen lassen

Gefühle wollen durch uns hindurchfließen. Wenn es dir gelingt, sie durch dich hindurchfließen zu lassen, ohne sie zu verändern, zu bewerten oder darüber nachzudenken, dann hast du bereits die Lösung.

Stell dir vor, dass du deine Gefühle einfach durch dich hindurchfließen lässt, wie beispielsweise Wasser, das du deiner Topfpflanze gibst. Das ist mehr ein Zulassen als ein aktives Tun. Nimm dir dafür 2 Minuten Zeit, und schreibe anschließend auf, wie es dir dabei ging:

Bei unseren Gefühlen, ob Trauer, Wut oder Scham, geht es stets darum, uns diesen zu stellen. Nach der Trennung keine Schmerzen haben zu wollen, ist nicht das Ziel, sondern hindurchzugehen und zu fühlen, was da ist. Denn erst wenn wir ihnen Raum gegeben haben, sie sich zeigen und ausdrücken konnten, werden wir tatsächlich frei und geheilt. Das Paradoxe ist, wenn wir *Nein* zu einem Gefühl sagen, ist es in diesem Moment bereits da. Wir kämpfen also gegen die Realität, gegen uns selbst. Je stärker wir gegen unsere Gefühle kämpfen, desto mehr Kraft müssen wir aufwenden, um sie zurückzuhalten. Das kostet viel Lebensenergie und verhindert unsere Heilung. Renne folglich nicht vor dem Schmerz, den Tränen und der Ohnmacht weg, sondern gib deinen Gefühlen die Zeit zu leben, die sie brauchen. Alles andere verschiebt und verlängert ausschließlich die Trennungsphasen und den Schmerz.

Es gibt natürlich auch Zeitpunkte im Alltag, wo wir nicht einfach losheulen oder wütend losschimpfen können, wie etwa in der Arbeit oder beim Geburtstagsfest vom Opa. Hierbei ist das Unterdrücken auch eine hilfreiche Fähigkeit. Am besten vereinbarst du davor in einem inneren Dialog mit deinen Gefühlen, dass du dich jetzt zusammenreißen möchtest und sie heute Abend beispielsweise um 19 Uhr wieder Raum bekommen. Zwischendurch kann es helfen, dich kurz zurückzuziehen, spazieren zu gehen, deine Gedanken ins Smartphone zu tippen oder dich in einer ruhigen Ecke mit jemandem darüber auszutauschen. Wenn die Kollegen oder dein Opa zudem wissen, dass du dich gerade in einem Trennungsprozess befindest, nimmt das allen Druck.

AUFGABE

Deine Erfahrung mit dem Fühlen

Wir hatten vielleicht nicht immer gute Vorbilder in unserem Leben, wie wir mit unseren Gefühlen am besten umgehen können. Daher verhalten wir uns oft gegensätzlich zu dem, was eigentlich gut wäre. Lass uns einmal reflektieren, welche Erfahrungen du im Fühlen hast.

Wie sind deine Eltern mit Gefühlen umgegangen? Haben sie ihre eigenen gezeigt oder versteckt? Waren bestimmte Gefühle besser als andere?

Wie gehst du heute mit deinen Gefühlen um? Kannst du sie eher gut zulassen oder eher weniger gut?

Welche Gefühle spürst du öfter in deinem Leben und welche selten oder nie?

Was hat dich bisher in deinem Leben oder jetzt nach der Trennung gehindert, deine Gefühle auszudrücken?

Was hat dir bisher im Leben oder jetzt nach der Trennung geholfen, dass du deine Gefühle zulässt, wie sie eben gefühlt werden möchten?

Wie du zum Fühlen kommst

Meist sind wir es nicht mehr gewohnt, unseren Gefühlen – dem Weinen oder Trauern – Zeit und Raum zu geben, und wir tendieren dazu, diese wegzudrücken. Vielen Menschen geht das so. Andere haben einen leichteren Gefühlszugang und können diese besser ausdrücken und zulassen. Wenn du zur ersten Gruppe gehörst, helfen dir vielleicht die beiden folgenden Ideen, um ins Fühlen zu kommen:

- **Musik und Filme:** Diese berühren unsere Seele. Sie lassen uns vor Freude in die Luft springen oder melancholisch werden. Wenn dir das Weinen schwerfällt, können dir bestimmte Musikstücke oder Filme einen Zugang dazu ermöglichen. Weißt du, welche Lieder oder Filme dich emotional berühren? Was passiert, wenn du diese hörst oder siehst? Dieser bewusste Gefühlszugang sollte jedoch keine Beschäftigung werden, die dich dauerhaft im Leiden gefangen hält. Am besten kommst du nach dem Trauern in Bewegung und schüttelst dich aus oder hüpfst für einige Minuten auf und ab.

- **Nachrichten und Bilder:** Erinnerungen an unseren Ex-Partner sind weitere hilfreiche Triggerpunkte, um an unsere vergrabenen Gefühle zu kommen. Schau dir Fotos aus gemeinsamen Urlauben an, oder lies Nachrichten, welche ihr früher ausgetauscht habt. Auch hierbei gilt: Nutze diese Methode, um ins Fühlen und nicht um ins Leiden zu kommen. Wenn die Bilder noch zu heftige Gefühle in dir auslösen, warte mit dieser Konfrontation ab.

Soll ich mich ablenken oder fühlen?

Von meinen Klienten höre ich häufig die Frage, was besser ist: sich jederzeit den Gefühlen hinzugeben oder sich ständig abzulenken? In meinen Augen ist ein guter Mix meist der beste Weg. Doch das hängt auch von der Person, den Umständen und dem Zeitpunkt ab. Wesentlich ist es in meinen Augen, nicht im Leiden beziehungsweise Jammern zu versinken. Das darf auch mal sein, doch als Dauerzustand würde er zur Stagnation führen. Die beste Entwicklung geschieht dann, wenn wir entweder voll fühlen oder uns gänzlich ablenken. Lieber einmal voller Hingabe heulen, um dann mit ganzer Energie Tennis zu spielen oder einen Film anzuschauen, als die gesamte Zeit im Jammermodus auf der Couch zu verbringen.

Es gibt verschiedene Arten von Ablenkung: Wir können uns zum Beispiel vor dem Fernseher oder mit sozialen Medien ablenken oder mit Sport, einem neuen Projekt oder dem Ausmisten unserer Wohnung. Der Unterschied zwischen beidem liegt in einem konkreten Ziel, einer Aufgabe. Bei der neuen Thrillerserie gibt es meist kein Ziel, welches wir verfolgen. Auch persönlich werden wir wohl weniger daran wachsen. Beim Sport, dem Projekt »Kräutergarten auf dem Balkon« oder dem Minimalismus in der Wohnung haben wir ein Ziel. Diese Dinge bringen uns weiter und bereiten Freude. Ein Mix dieser beiden Ablenkungen und damit auch mal eine spannenden TV-Serie hat jedoch noch niemandem geschadet.

FRAGE

Dein Gefühlszustand

Viele meiner Klienten haben von der folgenden Frage sehr profitiert. Auch bei der Frage, ob wir uns ablenken oder eher fühlen sollen, ist sie ein guter Ratgeber. Die Frage lautet: »Verbessert das, was du jetzt machst (oder machen möchtest) deine Situation?« Ist die Antwort *Ja*, dann mache es. Lautet die Antwort *Nein*, dann lass es, und mache etwas anderes.
So einfach kann es manchmal sein. Auch wenn es Bewusstsein, Disziplin und Übung erfordert.

Ja, ich darf mich schwach fühlen

Wir leben in einer Welt, in der wir dazu erzogen werden zu funktionieren sowie stark, widerstandsfähig und erfolgreich zu sein. Wir lernen daher häufig nicht, wie wir mit solchen schweren Momenten umgehen können, sollen und dürfen. Denn sie werden in den meisten Lebensbereichen ausgeklammert und höchstens im Verborgenen gelebt und gezeigt. Somit ist es meist das Letzte, was wir anderen Menschen gegenüber zugeben möchten, dass wir Hilfe benötigen. Häufig ist es sogar noch schwerer, es uns selbst gegenüber einzugestehen.

Andere Perspektiven auf Schwäche

Normalerweise sehen wir Schwäche als schwach an, das verdeutlicht schon das Wort. Doch ist sie das wirklich? Wenn Gefühle, die wir als schwach klassifizieren, wie Trauer oder Ohnmacht, stark im Vordergrund stehen, kann das ja keine Schwäche sein. Wenn sie sich so stark zeigen, dann müssen sie eine Kraft und Stärke in sich haben – ansonsten könnten wir sie ja leicht wegschieben oder loslassen. Verstehst du? Wir sehen es meist als Schwäche an, dass wir uns verletzlich zeigen. Doch ist es nicht eine Stärke, dass wir das Risiko eingegangen sind, unser Herz geöffnet zu haben, und dadurch verletzlich wurden? Würde es nicht weniger von einer inneren Stärke zeugen, wenn wir unser Herz verschließen würden und jederzeit alles kontrollieren wollten?

AUFGABE

Deine Bereitschaft

Wie schwach fühlst du dich im Moment? Kreuze es auf der Skala an.

☐	☐	☐	☐	☐	☐	☐	☐	☐	☐
1	2	3	4	5	6	7	8	9	10

(1 = Überhaupt nicht schwach) (10 = Sehr schwach)

In der folgenden Auflistung findest du meine Bewertung. Du hast …

… 1 angekreuzt: Genau so ist es richtig!
… 2 angekreuzt: Genau so ist es richtig!
… 3 angekreuzt: Genau so ist es richtig!
… 4 angekreuzt: Genau so ist es richtig!
… 5 angekreuzt: Genau so ist es richtig!
… 6 angekreuzt: Genau so ist es richtig!
… 7 angekreuzt: Genau so ist es richtig!
… 8 angekreuzt: Genau so ist es richtig!
… 9 angekreuzt: Genau so ist es richtig!
… 10 angekreuzt: Genau so ist es richtig!

Auch wenn es vielleicht witzig klingt, ich meine das ernst! Genau so, wie ohnmächtig und hilflos du dich gerade fühlst, ist es richtig!

Unser Partner hat sich von uns getrennt, und auf einmal sollen wir mit etwas umgehen, mit dem die allerwenigsten Menschen weder Erfahrung sammeln konnten noch ein hilfreiches Vorbild hatten: einen lösungsorientierten Umgang mit Schwäche und Schmerzen. Wir kennen häufig nicht nur keinen adäquaten Umgang, sondern versuchen zudem vor anderen und meist auch vor uns selbst, diesen Schmerz und diese Schwäche zu verbergen.

Das »Blöde« in der aktuellen Situation ist: Neben schweren Erkrankungen existiert wohl nahezu keine andere Lebenssituation, in der wir derart schwach und hilflos sind. Alle Menschen, die sich in der akuten Trennungszeit befinden, sind ein wenig wie Babys. Sie sind abhängig, bedürftig, können selbst nichts geben und benötigen dafür umso mehr. Das ist völlig okay. Je mehr du das in diesem akuten Zustand annimmst und nicht dagegen ankämpfst, umso schneller wird er sich verbessern. Neben diesem Vergleich mit Babys möchte ich dir in diesem Abschnitt das Folgende mitgeben:

- Gestehe dir ein, dass du verletzlich bist, dich in der aktuellen Phase immer wieder schwach fühlen wirst und das völlig in Ordnung ist. Du kannst dich in seelischer Not befinden, dies ist keine Schwäche. Denn Not ist und bleibt Not.
- Gestehe dir ein, dass du momentan nicht die volle Leistung erbringen kannst und nicht in deiner vollen Kraft stehst.
- Gestehe dir ein, dass es unglaublich wehtut.
- Gestehe dir ein, dass du deinen Ex-Partner in manchen Momenten vermisst und du in diesen abhängig von ihm bist.

All diese Aspekte sind normale Begleiterscheinungen, wenn wir verlassen wurden. Da dies eine große Herausforderung ist, sei gut zu dir selbst, wie zu einem Baby: nachsichtig, liebevoll und verständnisvoll. Sich wie ein Baby zu fühlen klingt wahrscheinlich wenig attraktiv, das ist verständlich. Wenn wir uns diese Dinge aber bewusst machen und immer mehr eingestehen und wahrhaben, sind wir auf dem direkten Wege zur Akzeptanz. Dann kann es sich wandeln. Wenn wir in dieser Zeit uns selbst gegenüber unehrlich sind, uns ausschließlich Stärke und Abgeklärtheit vorspielen, belügen und bestrafen wir uns damit selbst und werden umso länger in den ersten beiden Trennungsphasen feststecken.

»Die schwierigste Zeit in unserem Leben ist die beste Gelegenheit, innere Stärke zu entwickeln.«

DALAI LAMA

AUFGABE

Ich halte das aus

Wenn du im Tal der Tränen steckst, sage dir immer wieder diesen einfachen Satz:

Das halte ich aus!

Er kann eine erstaunliche Wirkung haben. Wir vermitteln uns und unserem gesamten System damit Stärke und Sicherheit, dass wir den aktuellen Zustand einerseits akzeptieren und andererseits aushalten können.

Ja, ich darf mich ohnmächtig fühlen

Wir Menschen möchten die Kontrolle haben, nahezu in jedem Lebensbereich, wie beispielsweise über das, was wir essen, wann wir schlafen, mit wem wir schlafen oder mit wem wir in den Urlaub fahren. Es gibt Menschen, denen ist Kontrolle wichtiger als anderen, doch uns alle vereint der Wunsch, anderen Menschen oder den Umständen nicht ohnmächtig ausgeliefert zu sein.

Verlassen zu werden ist dabei wohl einer der unangenehmsten Zustände der Machtlosigkeit. Wenn wir diese Ohnmacht erleben und nicht mehr aushalten können, versucht unser Verstand alles Mögliche, um wieder mächtig zu werden. Er analysiert die Trennungsgründe, wägt Ex-zurück-gewinnen-Strategien ab, liest stundenlange Forenbeiträge, sucht Antworten … All das kann unterstützend sein, doch langfristig wird es niemals die einzige Lösung darstellen können.

AUFGABE

Deine Kontrolle

Was kannst du in deinem Leben aktuell kontrollieren, worauf hast du Einfluss? Schreibe zehn Punkte dazu auf. Beispielsweise ganz Banales, das du entscheiden kannst, etwa wann du deine Zähne putzt oder ob du vor deinen Gefühlen wegrennst oder dein Bestes gibst, dich ihnen zu stellen.

Über diese zehn Dinge habe ich momentan die Kontrolle:

1. ______________________________
2. ______________________________
3. ______________________________
4. ______________________________
5. ______________________________
6. ______________________________
7. ______________________________
8. ______________________________
9. ______________________________
10. ______________________________

Schreibe nun auf, worauf du keinen Einfluss hast. Zehn Punkte, bei welchen du dich ohnmächtig, hilflos und ausgeliefert fühlst. Beispielsweise, wie schnell du die Trennung überwinden kannst oder ob dein Ex-Partner eine neue Beziehung eingeht.

Über diese zehn Dinge habe ich momentan keine Kontrolle:

1. ______
2. ______
3. ______
4. ______
5. ______
6. ______
7. ______
8. ______
9. ______
10. ______

Warum ist es hilfreich, sich dieser Machtlosigkeit bewusst zu werden? Zum einen hilft es, sich diese Ohnmacht einzugestehen. Denn dann kann dein Verstand aufhören, ständig nach Lösungen zu suchen, um wieder Macht zu erlangen. Es braucht dieses Eingeständnis, den Ex-Partner nicht verändern und seine Entscheidung nicht beeinflussen zu können.

Wenn du diesen Weg gegangen bist, kommst du ins Gefühl:

- Du wirst wütend, dass du ausgeliefert bist,
- du wirst traurig, dass du deinen Partner verloren hast,
- oder du schämst dich, dass du es vermeintlich verbockt hast.

… und genau da liegt das Ziel: zu diesen Gefühlen zu kommen und sie durch dich hindurchfließen zu lassen. Die Machtlosigkeit werden wir demzufolge nicht besiegen. Sie wird von selbst gehen, wenn wir uns ihr und den damit verbundenen Gefühlen ausreichend hingegeben haben. Zum anderen erkennst du durch diese Übung, dass es unglaublich viele Lebensbereiche gibt, in denen du durchaus die Kontrolle hast.

»Wenn du durch eine harte Zeit gehst
und alles gegen dich zu sein scheint,
wenn du das Gefühl hast, es nicht mehr eine
Minute länger zu ertragen:
GIB NICHT AUF, weil dies die Zeit und der Ort ist,
wo sich die Richtung ändert.«

RUMI

AUFGABE

Ruhig werden

Diese Atemübung hilft dir in aufwühlenden Momenten, zur Ruhe zu kommen. Atme dabei ein, und zähle währenddessen bis 3, halte den Atem ebenfalls 3 Sekunden lang, und atme dann die Luft langsam aus – wiederum für 3 Sekunden.

Ja, ich darf traurig sein

Der Schmerz und die Trauer sind nach einer Trennung für die meisten Betroffenen das Unangenehmste. Daher beginnen wir in diesem Abschnitt mit diesem Gefühl.

Jeder Mensch geht unterschiedlich mit Trauer um: wie wir sie spüren, wahrnehmen und ausdrücken oder wie wir unseren Schmerz vor anderen zeigen. Das Weinen ist dabei im Trauer- und Trennungsprozess unglaublich wichtig. Weinen führt zum Abbau von Stresshormonen, es erleichtert uns, es unterstützt uns loszulassen. Es ist

Heilung, es ist seelische Verarbeitung und schützt uns vor körperlichen Beschwerden. Weinen heißt auch, ehrlich sich selbst gegenüber zu sein, eben all das da sein zu lassen, was wir vielleicht nicht haben möchten und negativ bewerten.

Trauer ist eine heilende Emotion und sinnvolle Reaktion auf externe Geschehnisse. Sie fragt uns: »Was würde ich mir wünschen?« Sie beruhigt uns und kann unser Herz wieder weit machen. Wenn wir nicht zur Trauer kommen, bleiben wir passiv, beleidigt und stagnieren. Sie hat folglich einen Sinn.

AUFGABE

Deine Trauer

Was macht dich momentan traurig? Schreibe all deine Gedanken auf, die dir dazu kommen.

Die Hauptursache für die Trauer nach einer Trennung ist der Verlust eines geliebten Menschen. Das liegt auf der Hand. Ein Verlust ist in anderen Lebenssituationen ebenfalls schmerzhaft: der Job, die beste Freundin, der Stammplatz im

Sportverein, das Haustier oder die eigene Gesundheit. Doch den Partner zu verlieren, ohne selbst einen Einfluss zu haben, ist wohl für die meisten Menschen einer der größten Verluste, verbunden mit tiefer Trauer, unsagbaren Schmerzen und häufig einer unfassbaren Verzweiflung – wir stürzen in ein tiefes Loch.

Die durch eine Trennung spürbare Zurückweisung ist ebenfalls einer der größten emotionalen Schmerzen für uns Menschen. In manchen afrikanischen Stämmen wird das als Bestrafung eingesetzt: Man wird beispielsweise nach einer Straftat nicht eingesperrt, sondern von der Gemeinschaft ausgesperrt. Das kann eine viel schlimmere Strafe sein.

AUFGABE

Das Gute an deiner Trauer

Lass uns nun die Perspektive wechseln und Detektiv spielen für das Gute an der Trauer, an den Tränen und all dem, was du eben aufgeschrieben hast. Was sind vier Aspekte, die für die Trauer sprechen? Was gewinnst du dadurch? Nimm dir Zeit, wenn dir nicht sofort etwas dazu einfällt.

1. ______________________________

   ____

2. ______________________________

   ____

3. ______________________________

   ____

4. ______________________________

   ____

Ist dir etwas eingefallen? Beispielsweise könnte das sein: Trauer ist Verarbeitung und Heilung, sie bringt dich in tiefen Kontakt mit dir selbst, oder sie lässt dich mittel- bis langfristig gesehen persönlich wachsen.

Wir verlieren nicht nur den Partner im Jetzt, sondern ebenfalls vieles, was mit der Vergangenheit und Zukunft verbunden ist. Zudem verlieren wir eine wichtige Identität – »in einer Partnerschaft zu leben«. Diese ist neben dem Beruf für viele Menschen die Hauptidentität.

- **Im Jetzt**: Alles, was wir mit unserem Ex-Partner gemeinsam hatten, ist weg. Die Verbundenheit und gegenseitige Liebe, die gemeinsame Wohnung, das Haustier, das gemeinsame Lachen und Weinen, möglicherweise auch gemeinsame Freunde oder die Familienangehörigen des Ex-Partners. Wir verlieren neben dem Partner noch einiges mehr: die Sicherheit, das Gewohnte, das Gemeinsame.
- **Die Vergangenheit:** All das, was wir in der Vergangenheit mit dem Ex-Partner erlebt haben – alle Höhen und Tiefen – erscheinen nun in neuem Licht. Wir stellen vieles infrage und bewerten das Geschehen anders. *Hat der Ex-Partner mich wirklich geliebt? War die Zeit umsonst? Hätte ich doch …* Wir idealisieren zudem häufig die Beziehung und sehen nur noch das Schöne dieser Zeit.
- **Die Zukunft:** Wir verlieren des Weiteren alles, was wir zukünftig mit dem Partner erleben wollten: Kinder bekommen oder die Kinder großziehen, lieb gewonnene Rituale, Reisen, gemeinsam alt werden …

Mir geht es bei dieser detaillierten Auflistung darum, dass du dir bewusst machst, dass der Verlust vielschichtig ist und die Trauer deshalb derart mächtig und einnehmend sein kann – und es nicht deine individuelle Schwäche ist, dass du leidest. Damit haben alle Menschen zu kämpfen, die verlassen wurden. Es ist hilfreich, uns bewusst zu machen, dass wir nicht nur das verlieren. Vielmehr lassen wir auch all die Auseinandersetzungen, Konflikte, abwertenden Blicke, bösen Worte und alles andere Nervenaufreibende und Schwere einer Partnerschaft zurück.

»Der größte Ruhm im Leben liegt nicht darin, nie zu fallen, sondern jedes Mal wieder aufzustehen.«

NELSON MANDELA

AUFGABE

Der Traueraltar

Diese Übung ist vor allem dann hilfreich, wenn du lange Zeit nach der Trennung nicht aus dem Trauern und Leiden herauskommst. Was du hierbei tun kannst:

- Suche dir einen Platz in deiner Wohnung, an welchem du einen Traueralter einrichtest.
- Schmücke den Altar mit Bildern aus der gemeinsamen Zeit, mit Andenken oder schlichtweg mit einem Stein – wie es für dich passt.
- Vereinbare mit dir selbst eine feste Zeit, zum Beispiel jeden Tag um 19 Uhr.
- Um 19 Uhr setzt du dich vor den Traueralter, stellst einen Wecker auf 15 bis 30 Minuten und hast nun die Erlaubnis, traurig zu sein: Du hast nun Zeit zu trauern, zu grübeln und zu weinen. Lass alles raus, was in dir ist. Je mehr, desto heilsamer.
- Wenn der Wecker klingelt, steh auf, schüttle dich aus, bewege dich ein wenig, und mache anschließend etwas vollständig anderes.

Nach diesem Trauerritual ist für die nächsten 24 Stunden Schluss mit allen Gedanken, die dich traurig werden lassen. Immer wenn sich deine Trauer wieder meldet, erinnere sie an eure Abmachung: »Morgen um 19 Uhr bist du wieder dran.« Das gelingt umso besser, je öfter du diese Übung durchgeführt hast und je weiter du in der Trennungsverarbeitung vorangeschritten bist.

Wichtig dabei: Dein Verstand sollte sich darauf verlassen können, dass du die halbe Stunde am Abend konsequent einhältst. Sonst wird diese Übung nicht funktionieren.

Ja, ich darf mich schämen

Nachdem wir verlassen wurden, zeigt sich bei vielen Menschen Scham, sie hat häufig mit Selbstverurteilung zu tun. Wenn wir uns schämen, möchten wir am liebsten im Erdboden versinken und uns nicht mehr blicken lassen – auch vor uns selbst. Scham entsteht durch Bewertungen. Diese kann von uns selbst, von anderen Menschen oder gesellschaftlichen und religiösen Vorstellungen kommen.

AUFGABE

Deine Scham

Gibt es etwas, weswegen du dich schämst? Schreibe deine Gedanken auf. Am besten so detailliert und ehrlich wie möglich.

Ich schäme mich für/weil …

Wie fühlt es sich an, das konkret aufzuschreiben? Ich kann mir vorstellen, dass es ein Stück erleichternd ist, auch wenn die Scham dadurch nicht verschwindet, sondern erstmals komplett auf der Bühne präsentiert wird.

Wenn wir uns schämen, weil wir verlassen wurden, haben wir meist folgende Gedanken: *Wenn ich das nicht falsch gemacht hätte* oder *Wenn ich das oder das bloß nicht gesagt hätte.* Wir schlussfolgern häufig daraus, dass wir nicht gut genug waren, der andere sich deswegen von uns trennte und wir damit die Schuld am Ende der Partnerschaft tragen. Für diese vermeintliche Schwäche oder unsere Taten schämen wir uns und möchten uns am liebsten verkriechen.

Es kann auch eine Sorge in uns sein, was andere Menschen über uns denken, wenn sie vom Beziehungsende hören: *Denken die dann, ich war ein schlechter Partner und wurde deswegen verlassen?* Oder: *Was wird mein Ex-Partner seinen Freunden über mich erzählen? Privates, Intimes, Peinliches?* Auch hierbei geht es darum, dass wir unsere Schattenseite verbergen möchten. Ob diese nur in unserem Verstand oder tatsächlich existiert, spielt für die Scham eine untergeordnete Rolle. Im Allgemeinen hilft uns Scham bei der Selbstreflexion und der Frage »Was für ein Mensch möchte ich sein?«. Die Gefahr liegt in der Selbstzerfleischung und Abwertung, dass wir anders sein wollen, als wir sind oder uns verhalten haben.

Der Umgang mit Scham

Was kannst du machen, wenn sich dein Gewissen meldet und du dich vor Schamesröte am liebsten im Keller verstecken würdest? Es ist wichtig, das Gegenteil von dem zu tun, was wir intuitiv machen würden.

- **Annehmen:** Im ersten Schritt geht es darum, dass du die Scham akzeptierst und nicht versuchst, diesem Gefühl zu entkommen, ob durch Wegschieben, Nachdenken oder Ablenken.

- **Fühlen:** Wende dich der Scham zu, fühle sie in voller Tiefe: Wo sitzt sie in deinem Körper, wie sieht sie aus, wie fühlt sie sich an, hat sie einen Namen, eine Form, eine Farbe? Lass sie da sein, und nimm sie wahr, spüre sie, und lass sie durch dich hindurchfließen.

- **Zeigen:** Erzähle verschiedenen Menschen von den Dingen, für die du dich schämst. Umso mehr die Scham sich zeigt und aus dem dunklen Keller kommt, desto weniger Macht hat sie über dich und dein gesamtes Gefühlsleben. Zudem können dir die Reaktionen der Menschen helfen, dich dafür weniger abzuwerten. Denn häufig sind wir bei Dingen, die uns selbst betreffen, wesentlich kritischer, als es andere Menschen mit uns selbst sind.

- **Akzeptieren:** Du bist ein Mensch, der wie alle anderen Stärken und Schwächen hat. Die Frage ist: Kannst du dich liebevoll annehmen, mit dem, was passiert ist, wie du warst, bist und dich verhalten hast? Unabhängig davon, wer die *Verantwortung* oder *Schuld* an der Trennung trägt. Wenn du die Verantwortung für dein Verhalten übernehmen kannst und dich dafür nicht abwertest, hat die Scham weniger Macht über dich.

AUFGABE

Die Scham deiner besten Freundin/deines besten Freundes

Im Umgang mit der Scham hat sich ein Perspektivenwechsel sehr bewährt.

1. Schreibe alle Punkte auf, für die du dich am meisten schämst!

____

____

____

2. Welcher Mensch steht dir zurzeit am nächsten (jedoch nicht dein Ex-Partner)?

____

3. Stelle dir vor, du wärst diese andere Person (aus Frage 2). Du hörst dir selbst aus der Perspektive dieser Person zu, wofür du dich schämst. Wie würdest du ihr begegnen, was würdest du ihr sagen? Würdest du einen Grund sehen, sich zu schämen? Schreibe deine Antwort auf:

____

____

____

____

____

____

____

____

____

____

____

____

____

____

Wahrscheinlich wäre viel Wohlwollen, Verständnis und Liebe in deinen Worten. Kannst du dir davon ein wenig selbst geben?

REFLEXION

Wie ging es mir in Woche 3?

Fülle zum Abschluss dieser Woche aus, wie die letzten 7 Tage für dich waren.

1. Wie ich die letzte Woche in einem Satz beschreibe …

2. Das Beste, was ich diese Woche gemacht habe …

3. Mein Bedürfnis, meinen Ex-Partner in der letzten Woche zurückzugewinnen, war ...
   ☐ sehr groß ☐ groß ☐ etwas ☐ gering ☐ nicht vorhanden

4. Was ich im Rückblick auf diese Woche meinem Ex-Partner alles sagen würde …

5. Warum es sich gelohnt hat, in der letzten Woche zu leben …

6. Was ich mir für die nächste Woche vornehme …

Woche 4: Der Umgang mit Sorgen, Ängsten und Fragen

Nach einer Trennung zeigen sich nicht nur Trauer oder Ohnmacht, sondern auch viele Ängste. Diese können uns nahezu auffressen. Insbesondere dann, wenn es um etwas Unplanbares wie die Zukunft und Unkontrollierbares wie unsere Gefühle geht. Wir suchen Antworten auf typische Fragen – häufig entstehen diese aus einer Angst. So suchen wir im Internet, in Erfahrungsberichten von anderen Verlassenen, in Gesprächen mit Freunden oder in alten Nachrichten und E-Mails des Ex-Partners Antworten. Das ist eine normale Reaktion des Verstandes. Er möchte beispielsweise das Folgende wissen:

- **Vergangenheitsbezug**: *Was hätte ich anders machen können, damit mein Ex-Partner die Beziehung nicht beendet hätte? Wenn ich das eine Mal netter, aufmerksamer oder kooperativer gewesen wäre, wäre es dann nicht so weit gekommen?*
- **Gegenwartsbezug**: *Was kann ich machen, damit es mir wieder gut geht? Warum ist mir das passiert?*
- **Zukunftsbezug**: *Was mache ich, wenn ich den Ex-Partner zufällig irgendwo treffe? Werde ich mich je wieder verlieben können?*

Unser Verstand verfolgt dabei verschiedene Ziele. Er möchte uns einerseits helfen, die neue Situation besser einzuschätzen, Antworten zu finden und unseren

Schmerz zu verringern. Andererseits möchte er die Kontrolle und Macht behalten und nicht an die Gefühlswelt verlieren. Denn diese ist derart präsent und mächtig wie sonst selten im Leben. Solange der Verstand nicht weiß, warum die Trennung geschehen ist, ist er in dieser Hinsicht ohnmächtig und ausgeliefert. Das mag er nicht. Mit seinen Fähigkeiten kann er nichts zur Verbesserung beitragen, weil er in einer Sackgasse steckt. Doch überflüssig machen möchte er sich nicht, und somit stellt er wieder und wieder Fragen, formuliert Hypothesen, ersinnt Lösungen … Ich weiß leider nicht mehr, von wem ich den folgenden Satz aufgeschnappt habe, doch er passt gut:

Das Gehirn ist ein Problemlöse-Organ.

Der Verstand ist dabei für einen Großteil unserer Ängste verantwortlich. Je kürzer dabei die Trennung zurückliegt, desto quälender ist die Frage, wie es mit dem eigenen Leben weitergehen soll. Das Beziehungsende bedeutet nicht nur die Trennung vom Partner, sondern auch von dem gemeinsamen Leben. Das betrifft sowohl praktische wie emotionale Aspekte. Beispielsweise gemeinsame Zukunftspläne, Kinderplanung oder -erziehung, die emotionale Unterstützung bei Herausforderungen oder die gemeinsame Wohnung oder der Freundeskreis. Etwas Gewohntes und Sicheres ist weg, ohne dass es bereits einen Ersatz gibt. Wenn wir verlassen werden, haben wir meist erstmals einen relativ düsteren Blick auf die Zukunft.

In diesem Kapitel blicken wir im Detail auf die Ängste, die mir in meiner Arbeit am häufigsten begegnen, und wie du damit am besten umgehst:

- Hat mich mein Ex-Partner jemals geliebt?
- Komme ich je wieder aus diesem Loch?
- Werde ich mich wieder verlieben können?
- Wie kann ich mit der Einsamkeit und dem Alleinsein umgehen?
- Wie gehe ich mit Unbekanntem und Neuem um?

AUFGABE

Deine Ängste

Nehmen wir uns Zeit für eine wichtige Aufgabe. Auch wenn wir uns vor diesem Thema lieber drücken möchten, ist die Beschäftigung damit hilfreich. Welche Ängste hast du gerade? Über welche Dinge machst du dir Sorgen, was befürchtest du? Schreibe dir dazu alles auf, gern auch in Stichpunkten.

Ich habe aktuell Angst vor …

____

____

____

____

Diesen Ängsten in die Augen zu blicken fühlt sich nicht gut an – doch wenn wir uns diese bewusst machen, haben sie weniger Macht über uns. Vielleicht nicht sofort nach dem Aufschreiben, jedoch in den kommenden Tagen. Denn je diffuser und unkonkreter Ängste sind, desto größer und wahrscheinlicher erscheinen sie uns.

»Sich Sorgen zu machen ist,
wie im Schaukelstuhl zu sitzen.
Es beschäftigt einen, bringt einen aber nirgendwohin.«

GLENN TURNER

Hat mich mein Ex-Partner jemals geliebt?

Insbesondere in der ersten Zeit, nachdem wir verlassen wurden, drängt sich die Frage auf: *Hat mich der Ex-Partner überhaupt geliebt?* Wenn sich der Partner bereits neu verliebt oder vorher eine Affäre hatte, trifft uns das meist noch härter. Ist ein anderer Mensch, so unsere bewusste oder unbewusste Schlussfolgerung, »besser« als ich? Dieser Vergleich kann unglaublich schmerzhaft sein, noch größere Selbstzweifel hervorrufen und unseren Selbstwert angreifen. Wir fragen uns insbesondere: *War ich so leicht austauschbar? Was habe ich falsch gemacht? Wie lange kennen die beiden sich schon? …*

Unabhängig davon, ob unser Ex-Partner eine Affäre hatte oder nicht, geraten wir in einen Teufelskreis an destruktiven Gedanken. Dieser mündet häufig in dieser Frage: *Hat mich mein Ex-Partner überhaupt jemals geliebt?* Wir können in dieser Zeit meist nur Vermutungen anstellen. Denn die emotionale Lage unseres Ex-Partners werden wir nie vollständig verstehen. Der Mensch, der vorher alles mit uns geteilt hat, hat uns auch das weggenommen: den Blick auf sein Seelen- und Gefühlsleben. Wenn wir zumindest wüssten, dass er auch mit der Trennung zu kämpfen hat, wäre das für viele Verlassene eine Erleichterung.

Austausch mit anderen

Suche Kontakt zu anderen Menschen, die ebenfalls in einer Trennung stecken. Ob Freunde, die gerade das Gleiche durchmachen, oder Menschen, die du in Foren oder Gruppen in sozialen Netzwerken rund um Trennungen und Scheidungen kennenlernst. Dieser Austausch mit Leidensgenossen kann sehr heilsam sein.

Dazu noch ein weiterer Gedanke: Die Wahrscheinlichkeit ist hoch, dass selbst unser Ex-Partner seine Entscheidungshintergründe nur teilweise verstehen und begründen kann. Wenn er dir alles erzählt, bleiben immer noch zwei Fragen:

Zum einen, ob er sich selbst und die Gründe für die Trennung in voller Tiefe versteht. Zum anderen kommt es vor, dass aus Schutz für den Verlassenen nicht die gesamte Wahrheit berichtet wird – damit dieser nicht noch mehr leidet. Leider, denn die Wahrheit bringt uns meist weiter, selbst wenn sie erst mal schmerzhaft ist und häufig irgendwann dennoch ans Tageslicht kommt.

AUFGABE

Den Zweifeln begegnen

Beantworte dir zunächst die folgenden beiden Fragen. Formuliere dabei alle Eventualitäten und Details, die sich dein Verstand ausdenkt.

1. Was würde sich für mich heute ändern, wenn ich wüsste, dass er mich nicht geliebt hat?

____

____

____

____

____

2. Was würde sich für mich heute ändern, wenn ich wüsste, dass er mich geliebt hat?

____

____

____

____

____

Nachdem du dir über beide Fälle Gedanken gemacht und diese notiert hast, kannst du diese Gedanken nun deinem Verstand entgegenhalten, wenn er dich wieder einmal mit diesen Fragen quält: Verweise deinen Verstand in solchen Momenten auf deine Notizen, und begegne ihm in etwa so: »*Ja, lieber Verstand, ich kenne dich gut. Du suchst wieder nach Erklärungen und Antworten, und das ist in Ordnung. Du weißt ja, wir haben schon alles mehrfach durchdacht, und die Konsequenzen habe ich in dem Trennungsbuch bereits aufgeschrieben … Das nun noch mal durchzukauen macht wenig Sinn, daher wende ich mich jetzt etwas anderem zu.*«

Mache anschließend etwas vollkommen anderes: kochen, telefonieren, spazierengehen, lesen … Das ist eine für dich hoffentlich hilfreiche Möglichkeit, diesen sich wiederholenden Gedankenabläufen zu begegnen.

Komme ich je wieder aus diesem Loch?

Solange wir uns in den ersten beiden Trennungsphasen befinden, zeigt sich die Angst besonders, ob wir jemals wieder aus dem Tal der Tränen kommen werden.

AUFGABE

Realitätscheck

Lass uns gemeinsam einmal ansehen, was du selbst momentan glaubst: Wirst du wieder aus dem Trennungsloch kommen? Kreuze auf der Linie an, was du jetzt in diesem Augenblick vermutest!

Ich komme nie mehr aus dem Loch

Ich komme wieder aus dem Loch

Glaubst du, dass deine Einschätzung realistisch ist? Meist vermuten wir, dass wir nie mehr oder erst nach Jahren aus diesem Zustand gelangen. Doch das ist die Perspektive aus dem Schmerz, eine normale und zugleich unrealistische Reaktion. In meiner Praxis habe ich viele Menschen während einer Trennung oder Scheidung begleitet. Zudem haben mir viele Menschen aus ihrem Leben und ihren vorherigen Trennungserfahrungen berichtet.

Befindet sich dein Kreuz links von dem senkrechten Strich? Dann bedeutet es, dass deine Einschätzung eher unrealistisch ist. Damit möchte ich dir deine jetzige Wahrnehmung nicht wegnehmen. So, wie du es wahrnimmst, nehmen es fast alle Menschen nach einer Trennung wahr. Es ist demnach kein Fehler von dir. Nur ist diese Wahrnehmung eben verfärbt und wird sich in Zukunft nicht bestätigen. Ich kann dir versichern, dass es sich zum Positiven verändern wird. Insbesondere wenn du dich aktiv mit der Trennung befasst.

Das heißt: Du wirst wieder zufrieden und glücklich werden! Selbst wenn das direkt nach einer Trennung unvorstellbar erscheint und tatsächlich wie nach einem anderen Leben klingt. Bisher ist jeder dieser Menschen aus dem Tief herausgekommen.

»Was hinter uns liegt und was vor uns liegt, sind Kleinigkeiten verglichen mit dem, was in uns liegt.«

HENRY STANLEY HASKINS

Was du konkret machen kannst: Es geht um Vertrauen und Wissen. Das Vertrauen dir selbst gegenüber, dass du Ressourcen und Möglichkeiten hast, dich zu entwickeln und aus dem Tief zu kommen. Du hältst dieses Buch in der Hand – das spricht sowohl für deinen Willen, selbst aktiv zu werden, als auch für dein Interesse an deinem seelischen Wohlbefinden. Das Wissen, dass jeder, der sich den Aufgaben und Herausforderungen einer Trennung stellt und nicht in die Verdrängung geht, garantiert wieder herausfindet und langfristig persönlich von der Trennung profitieren wird.

AUFGABE

Deine Ablenkung

Lege das Buch aufgeschlagen auf den Boden, hole dir einen Stift, und klemme ihn dir zwischen den großen und zweitgrößten Zeh. Stell dich nun auf ein Bein, und versuche, mit dem Stift zwischen deinen Zehen die folgenden Symbole nachzuzeichnen. Bereit?

Wie ging es dir dabei? Ich kann mir vorstellen, dass du für einige Augenblicke alles um dich herum vergessen hast. Ich finde es eine schöne Übung, um zumindest kurzfristig aus den Gedanken und dem Schmerz zu kommen – und vielleicht mal kurz zu schmunzeln oder zu lachen. Du kannst die Übung jederzeit wiederholen, indem du einfach einen andersfarbigen Stift nimmst oder dir selbst Vorlagen erstellst.

Werde ich mich wieder verlieben können?

Viele Menschen, die ich begleite, fragen mich, ob sie sich je wieder verlieben können. Solange wir selbst in einer Beziehung sind, würden wir uns diese Frage wohl nur selten stellen, denn sie klingt eher merkwürdig. Doch im Trennungsschmerz ist es anders: Wir sind noch emotional an unseren Ex-Partner gebunden und haben den Wunsch, in dessen Arm aufzuwachen und ein *Schatz, das war nur ein Albtraum, alles ist gut* zu hören. Zudem ist unser Selbstwert verletzt. Ein dritter Mensch kann diese Sehnsucht meist nicht stillen und diesen Schmerz nicht lindern. Unser Herz tatsächlich jemand anderem zu öffnen ist in dieser Phase nahezu unmöglich. Denn nur derjenige, der uns in diesen schmerzhaften Zustand gebracht hat, kann uns da wieder herausholen, so zumindest unsere Schlussfolgerung. Alternativ stürzen sich einige Menschen schnell in eine neue Partnerschaft. Doch die alte Beziehung wird dann wohl noch nicht verarbeitet sein. Was du konkret machen kannst: Einmal mehr hilft das Wissen, dass dies eine normale Reaktion ist, die zum Liebeskummer dazugehört. Wenn du darüber hinaus noch weißt, dass diese pessimistische Zukunftsvorstellung genauso in den Hintergrund rücken wird wie der Schmerz, begegnest du diesen Bedenken realistischer.

AUFGABE

Etwas Neues machen

Wenn wir ständig mit unseren Gedanken und Ängsten verbunden sind, hilft es, mal etwas komplett Neues zu machen. Wähle eines der folgenden Dinge, und setze es gleich oder im Lauf des Tages um:

- Ich übe einen Hand- oder Kopfstand.
- Ich gehe zum Friseur und sage: *Ich möchte eine neue Frisur und überlasse dir, was du machst.*
- Ich schreibe eine nette Postkarte und werfe sie bei einem Spaziergang in einen unbekannten Briefkasten.
- Ich ziehe heute etwas an, was auf jeden Fall auffällt.

Wie kann ich mit der Einsamkeit und dem Alleinsein umgehen?

Nach einer Trennung steigt in uns häufig das Gefühl der Einsamkeit und des Alleinseins auf. Dabei besteht ein wichtiger Unterschied zwischen dem *Alleinsein* und dem Gefühl der *Einsamkeit.* Beide haben zunächst wenig miteinander zu tun, obwohl sie im alltäglichen Sprachgebrauch häufig synonym verwendet werden.

Alleinsein bedeutet, dass man allein ist, man leidet jedoch nicht darunter. Anders ist es mit dem Gefühl der Einsamkeit, welches uns leiden lässt. Es ist dabei nicht an die An- und Abwesenheit von anderen Menschen gebunden. Wer sich einsam fühlt, der fühlt sich nicht beachtet, gebraucht oder anerkannt. Du kannst beispielsweise auf einem Fest sein und dich doch einsam fühlen. Die Auswirkungen der Einsamkeit machen verschiedene Studien deutlich: Wer einsam ist, ist anfälliger für Depressionen und Infektionen, er lebt ungesünder oder ist häufiger übergewichtig. Es ist ein Gefühl, welches wir nicht unterschätzen sollten.

AUFGABE

Gemeinsame Zeit

Wie viel Zeit hast du im Durchschnitt in einer Woche mit deinem Ex-Partner verbracht? Male dazu den Kreis mit einer Farbe aus. Je mehr du ausfüllst, desto mehr Zeit hast du mit deinem Ex-Partner verbracht.

Wenn du dir bewusst machst, wie viel Zeit du mit ihm verbracht hast, wird schnell deutlich, warum du dich immer wieder einsam fühlst. Es fehlt ja auch was: eben die gemeinsame Zeit.

In dem Roman *Die Hexe von Portobello* befasst sich der Autor Paulo Coelho ebenfalls mit Einsamkeit. Einer der Charaktere sagt dazu:

> *»Ich habe erkannt, dass das Gefühl von Einsamkeit stärker wird, wenn wir versuchen, es zu bekämpfen – dass es aber schwächer wird, wenn wir es einfach nicht beachten.«*

Da unser Herz aufgrund der Trennung bereits genügend schmerzt, fürchten wir uns in dieser Zeit besonders vor weiterer Zurückweisung und vermeiden daher häufig, auf andere zuzugehen – womit wir den Zustand verstärken. Wie einsam wir uns fühlen, hängt vor allem davon ab, wie emotional und sozial wir uns mit anderen Menschen verbunden fühlen – und darauf haben wir einen Einfluss. Wenn wir hingegen Angst vor Einsamkeit haben, ist es meist ein Hinweis darauf, dass wir uns in der aktuellen Situation selbst nicht gut genug sind, wir unseren Wert nicht sehen können und uns fragen, was wir machen sollen. Diese Leere ist häufig nur schwer auszuhalten, und wenn wir sie nicht mit etwas anderem füllen, leiden wir. Das ist auch verständlich, nachdem wir viele Monate oder Jahre unser Leben mit einem Partner geteilt haben. Im Folgenden habe ich einige Impulse für dich, wie du mit der Angst des Alleinseins oder dem Gefühl der Einsamkeit umgehen kannst.

AUFGABE

Deine Freunde und Familie

Wenn du Gedanken wie *Ich fühle mich allein* hast, dann kann dich möglicherweise diese Übung erleichtern: Mache dir in deiner Fantasie Gedanken: Wer steht bildlich gesprochen alles hinter dir, wie Familienangehörige, Freunde, Kollegen …? Oder auch deine Erfahrungen, Ressourcen und innere Stärke? Schließe dazu deine Augen, und stell dir vor, dass all diese Personen und Merkmale in diesem Moment hinter dir stehen. Dreh dich innerlich um, und sieh dir an, welche Begleiter und Ressourcen du hast. Sie alle geben dir Halt und Unterstützung.

Möchtest du das Bild, welches du gesehen hast, hier aufzeichnen?

AUFGABE

Bedeutung für andere Menschen

Wir haben in dieser Zeit häufig den Eindruck, dass wir für niemanden eine Bedeutung haben. Doch das ist meist eine verzerrte Wahrnehmung. Für welche der Menschen, die dich kennen, bist du wichtig? Für deine beste Freundin, deinen besten Freund, deine Eltern, deine Kinder, die Bedienung im Café, den Kollegen …

Schreibe mindestens drei Menschen auf, die dir eine hilfreiche Stütze sein können:

____

____

____

Frage diese Menschen, ob du sie kontaktierst darfst und sie dich begleiten.

AUFGABE

Hilfsbereitschaft

Wenn wir uns einsam fühlen, haben wir häufig den Eindruck, wertlos und unnütz zu sein. Was kannst du tun? Hilf einem alten Mann über die Straße, lächle einen anderen Menschen an, oder übernimm ein Ehrenamt. Überlege dir, was du dir für die nächsten Tage oder Wochen diesbezüglich vornehmen könntest?

____

____

____

____

Diese zwischenmenschlichen Verbindungen können unsere Einsamkeit sehr effektiv vertreiben und schenken uns zudem Selbstwert.

Wenn wir lernen, allein sein zu können, ohne uns einsam zu fühlen, haben wir wohl den wichtigsten Schlüssel heraus aus der Einsamkeit gefunden. Äußere Dinge sind selbstverständlich hilfreich, doch uns allein darauf zu verlassen macht uns ein Stück weit abhängig. Daher macht es Sinn, auch darauf zu blicken, was wir selbst dafür machen können, uns weniger einsam oder allein zu fühlen. Reflektiere zum Beispiel, ob du tatsächlich ganz allein bist? Wir sind nie allein, denn wir haben jederzeit uns selbst, nach dem Motto:

Wenn du Freundschaft mit dir selbst schließt,
wirst du nie allein sein.

Selbst wenn wir es häufig verlernt haben, mit uns selbst eine gute Zeit zu verbringen, heißt es nicht, dass es nicht geht. Das können wir jederzeit wieder erlernen.

AUFGABE

Dich um dich kümmern

Lerne dich selbst besser kennen. Was kannst du dir selbst Gutes tun? Woran kannst du dich erfreuen? Nach dem Ende einer Partnerschaft, bei der es um die Verbundenheit zu einem anderen Menschen geht, um Kompromisse und das Aufeinandereingehen, bist jetzt wieder du im Mittelpunkt: Wie kannst du mit dir umgehen, dass du dich mit dir verbunden fühlst?

____

____

____

Impuls für zwischendurch

Wenn wir uns einsam fühlen, können wir diese Zeit wunderbar mit anderen Menschen teilen oder diesen zugutekommen lassen. Einer Gruppe beizutreten, die die gleichen Interessen und Ziele hat, schafft Verbundenheit, ermöglicht eine Struktur und Stabilität. Beispielsweise der Beitritt zur freiwilligen Feuerwehr, die Unterstützung eines Projekts für Obdachlose oder für Waisenkinder, das Durchführen einer wöchentlichen Lesestunde im Altenheim oder die Begleitung eines Menschen in einem Hospiz. Es gibt unzählige Möglichkeiten, wie wir dazu beitragen können, die Welt ein kleines Stückchen besser zu machen. Wir werden zudem noch belohnt: Wir sehen, dass wir für andere etwas bewegen können, dass wir für andere wichtig sind, wir erhalten Rückmeldungen und Wertschätzung und können zudem dem Gefühl *Ich bin für niemanden wichtig* etwas konkret Erlebbares entgegensetzen. Eine Win-win-Situation, oder?

Wie gehe ich mit Unbekanntem und Neuem um?

Wir Menschen sind Gewohnheitstiere. Sicherheit ist eines unserer Grundbedürfnisse. Routine macht unser Leben leichter, und Kontrolle gibt uns Sicherheit. Doch jetzt befinden wir uns plötzlich in einer Situation, in der wir gezwungenermaßen vor Veränderungen stehen. Einer der größten Grundpfeiler, die Partnerschaft, ist nicht mehr vorhanden und zieht in vielen Lebensbereichen Veränderungen nach sich. Das kann Angst machen sowie Unsicherheit und Zweifel auslösen. Denn wir Menschen bevorzugen normalerweise Veränderungen, zu welchen wir uns freiwillig entscheiden können. Dann haben wir mehr in der Hand: den Umfang der Veränderung, die Geschwindigkeit oder die Unterstützung durch andere Menschen. Eine Trennung oder Scheidung kann viele Veränderungen bedeuten – ob in der Gegenwart oder in der Zukunft:

- **Emotionale Ebene:** Wir sind allein, und ein vertrauter Mensch fehlt für Gespräche, Sicherheit, Anerkennung, Austausch, Unterstützung und Verbundenheit.
- **Körperliche Ebene:** Die körperliche Nähe ist ebenfalls nicht mehr vorhanden, ob Zärtlichkeit oder Sexualität.
- **Sachliche Ebene:** Alle Sachthemen müssen neu geregelt werden, ob die gemeinsame Wohnung, Versicherungen oder ein Haustier.
- **Finanzielle Ebene:** Wenn dein Ex-Partner beispielsweise mehr zum gemeinsamen Einkommen beigetragen hat oder du dich um die Kinder gekümmert hast und momentan kein Einkommen generierst, führt das zu finanziellen Veränderungen.
- **Gesellschaftliche Ebene:** Wir sind nicht mehr der Partner von xy. Wir verlieren möglicherweise an Status und Ansehen. Auch Freunde, lieb gewonnene Kollegen oder Familienangehörige des Ex-Partners verschwinden aus unserem Leben.
- **Familiäre Ebene:** Wenn gemeinsame Kinder vorhanden sind, wird das langfristige Konsequenzen mit sich bringen. Beispielsweise die Angst vor dem Verlust des Sorgerechts und um die seelische Entwicklung der Kinder.

Ich kann mir vorstellen, dass dich das Lesen dieser Aspekte eher traurig stimmt. Die Konfrontation damit soll dich unterstützen, diese Ängste konkret werden zu lassen. Denn erst dann können wir uns ihnen bewusst stellen, sie verwandeln und überwinden.

Welches Wissen auf jeden Fall hilft: Wenn wir in dem Modus der Angst stecken, sehen wir vieles negativer, als es in Wahrheit ist oder kommen wird, wie durch eine dunkel gefärbte Brille. Zudem verschließen wir unseren Blick vor allen neuen und aufregenden Dingen, die auf uns zukommen und uns Freude statt Angst bereiten werden. Mache dir daher bewusst, dass deine Wahrnehmung gerade einer Negativfärbung unterliegt. Denn du verlierst ebenfalls Dinge, die in der Partnerschaft nicht gut für dich waren, sowie Zukunftsängste, welche du in deiner vorherigen Beziehung hattest.

*»Selbstvertrauen gewinnt man dadurch,
dass man genau das tut,
wovor man Angst hat,
und auf diese Weise eine Reihe
von erfolgreichen Erfahrungen sammelt.«*

DALE CARNEGIE

AUFGABE

Der Worst-Case der Trennung

Beantworte dir die Frage, was der absolute *Worst-Case* für die Zukunft sein kann? Was kann im allerschlimmsten Fall geschehen? Schreibe dir deine Gedanken zu deinen drei größten Befürchtungen auf.

Befürchtung 1:

___

___

___

Befürchtung 2:

___

___

___

Befürchtung 3:

___

___

___

Falls diese Befürchtungen tatsächlich eintreffen sollten, was kannst du dann tun? Finde für jede dieser Befürchtungen einige Lösungsoptionen, die du selbst beeinflussen kannst oder bei welchen du dich an andere wenden kannst.

Lösungen für Befürchtung 1:

Lösungen für Befürchtung 2:

Lösungen für Befürchtung 3:

Verändern sich dadurch deine Ängste ein wenig? Immer wenn sie sich wieder zeigen, lies deine Antworten in dieser Aufgabe nochmals durch, und ergänze sie gegebenenfalls.

Nun haben wir uns einige Sorgen und Ängste angeschaut. Wenn wir uns unseren Ängsten stellen, sie uns konkret ins Bewusstsein rufen, mit ihnen »arbeiten« und sie damit Stück für Stück überwinden, können wir gar nicht anders, als persönlich zu wachsen. Das ist die »gute« Nebenwirkung von Ängsten.

REFLEXION

Wie ging es mir in Woche 4?

Fülle zum Abschluss dieser Woche aus, wie die letzten 7 Tage für dich waren.

1. Wie ich die letzte Woche in einem Satz beschreibe …

____

____

____

2. Das Beste, was ich diese Woche gemacht habe …

____

____

____

3. Mein Bedürfnis, meinen Ex-Partner in der letzten Woche zurückzugewinnen, war …
   ☐ sehr groß ☐ groß ☐ etwas ☐ gering ☐ nicht vorhanden

4. Was ich im Rückblick auf diese Woche meinem Ex-Partner alles sagen würde …

____

____

____

5. Warum es sich gelohnt hat, in der letzten Woche zu leben …

____

____

____

6. Was ich mir für die nächste Woche vornehme …

____

____

____

Woche 5: Den Ex-Partner zurückgewinnen – oder besser nicht?

Es gibt unglaublich viele Bücher und Online-Kurse zum Thema *Ex-zurück-gewinnen*. Dabei werden die besten Strategien, Tipps und Tricks vorgestellt, wie wir uns verhalten sollen, um unseren ehemaligen Partner zurückzugewinnen. Wie in keinem anderen Lebensbereich investieren Menschen viel Zeit, Energie und Geld in die Umsetzung dieser Taktiken und Strategien. Zumindest habe ich selten davon gehört, dass sich Menschen nach einer Kündigung des Jobs oder der Wohnung oder dem Ende einer Freundschaft dermaßen ins Zeug legen, den alten Zustand wiederherzustellen. Der Vergleich hinkt, das stimmt – und doch kann er zum Nachdenken anregen.

Im nächsten Kapitel möchte ich diese Strategien kritisch beleuchten und aus einem umfassenderen Blickwinkel betrachten. Falls du nicht (mehr) den Wunsch hast, mit deinem Ex-Partner zusammenzukommen, kannst du dieses Kapitel auch überspringen. Wir blicken auf folgende Inhalte:

- Psychologische Bewertung: Die Ex-zurück-Strategien
- Hilfreiches Wissen: Den Verstand durchschauen
- Manipulatives Verhalten: Den Ex-Partner zurückgewinnen
- Sinnvolles Verhalten: Der Kontakt mit dem Ex-Partner

Psychologische Bewertung: Die Ex-zurück-Strategien

Wir wünschen uns unseren Partner zurück, möchten ihn an unserer Seite haben, ihn spüren, ihn küssen. Dafür machen Menschen die unglaublichsten Dinge, die sie normalerweise nie machen würden. Sie jammern, sie betteln, sie locken mit Sex, versuchen, den anderen eifersüchtig zu machen … Wenn man es nüchtern von außen beobachtet, machen sich manche lächerlich. Niemand würde auf diese Art und Weise versuchen, jemanden zu einer Partnerschaft zu überzeugen, mit dem man noch nie zusammen war. Es ist sehr gut nachvollziehbar, dass wir wieder mit unserem Ex-Partner zusammenkommen möchte. Doch statt uns erst einmal genau über die Beweggründe klar zu werden, stürzen wir uns oft voller Hoffnung in die Umsetzung all dieser Ex-zurück-Strategien.

AUFGABE

Die Hoffnung

Lass uns gemeinsam einmal betrachten, warum du deinen Ex-Partner zurückgewinnen möchtest. Schreibe dazu mindestens fünf Aspekte auf.

Wenn ich meinen Ex-Partner zurückgewinne, dann …

1. ______________________________

____

2. ______________________________

____

3. ______________________________

____

4. ____

____

5. ____

____

Weitere Aspekte:

____

____

____

____

Wie klingt das, was du aufgeschrieben hast, für dich? Sind das Aussagen, die von Kraft und Stärke zeugen, oder eher weniger? Wenn diese Aussagen dein Ex-Partner oder ein anderer potenzieller Partner lesen würde, wärst du in seinen Augen eine attraktive Person?

Lass uns ein wenig auf die Theorie dahinter blicken: Welche Bedürfnisse stehen hinter dem Ziel, wieder mit dem Ex-Partner zusammenkommen? Warum bemühen wir uns manchmal mit einer unglaublichen Energie darum? Es liegt auf der Hand:

- Wir möchten die negativen Gefühle nicht mehr.
- Wir möchten unseren Selbstwert stabilisieren.
- Wir möchten keine Zukunftsängste mehr haben.
- Wir möchten Liebe, Annahme und Bestätigung erhalten.
- Wir möchten wieder Sicherheit haben und Zukunftspläne schmieden.
- Wir möchten – wenn wir Eltern sind – aus unseren Kindern keine Scheidungskinder machen.

Es gibt individuell noch viele weitere Gründe und Bedürfnisse. Wenn man all diese bis auf ihren Grund verfolgt, wird man nahezu ausschließlich auf das Entkommen aus dem Schmerzzustand stoßen. Hinzu kommen diverse Bedenken, Sorgen und Ängste im Hinblick auf die Zukunft – die im weitesten Sinne auch mit Schmerz verbunden sind. Dieser Antrieb weg vom Negativen ist gut nachvollziehbar. Doch die erhoffte Schmerzvermeidung ist der schlechteste Grund, den Ex-Partner zurückhaben zu wollen. Wenn das bei dir der Fall ist, wirst du wahrscheinlich feststellen, dass dieses Sich-Eingestehen nicht leichtfällt. Das geschieht daher häufig erst nach Monaten und darf genau so sein.

Impuls für zwischendurch

Wenn es dir nicht gut geht, spring einmal unter die Dusche. Am besten auch mit kaltem oder im Wechsel von heißem und kaltem Wasser. Stell dir dabei vor, dass das Wasser all den Schmerz von dir abspült und dich emotional reinigt – wie eine Sandschicht nach einem Strandbesuch.

AUFGABE

Der Umgang mit dem Wunsch

Möchtest du mit deinem Ex-Partner wieder zusammenkommen? Mache dieses kleine Quiz, um herauszufinden, was für dich der richtige Weg sein kann.

Möchtest du mit deinem Ex-Partner wieder zusammenkommen?

- Nein → Dann kannst du zu Seite 131 blättern.
- Ja → Hast du dich getrennt?
  - Nein → Willst du ihn zurück, damit der Liebeskummer aufhört?
    - Ja → Das ist leider der blödeste Grund für eine Beziehung. Ich empfehle dir, dich dem Trennungsschmerz zu stellen und das Buch durchzuarbeiten.
    - Nein → Bist du dir zu 100 % sicher?
      - Nein → Das ist leider der blödeste Grund für eine Beziehung. Ich empfehle dir, dich dem Trennungsschmerz zu stellen und das Buch durchzuarbeiten.
      - Ja → Du kannst deinen Ex-Partner wissen lassen, dass du gern in Kontakt bleiben möchtest, dir prinzipiell eine Beziehung vorstellen kannst, aber noch Zeit für dich brauchst. Arbeite das Buch durch, und wachse persönlich daran.
  - Ja → Weiß dein Ex-Partner, dass du wieder mit ihm zusammenkommen möchtest?
    - Nein → Dann lass es ihn wissen. → Will er auch?
    - Ja → Will er auch?
      - Nein → So schmerzhaft das ist, das gilt es zu akzeptieren. Ich empfehle dir, dich insbesondere den Kapiteln der Wochen 2, 3 und 4 zu widmen.
      - Ja → Warum liest du dieses Buch? ☺

Ich möchte dir einige Aspekte nennen, die in meinen Auge dagegensprechen, zum jetzigen Zeitpunkt deine Energie auf die Zurückeroberung deines Ex-Partners zu verwenden. Zumindest so lange, bis du den Trennungsschmerz vollständig überwunden hast. Ob du es ebenfalls so siehst, bleibt selbstverständlich dir überlassen.

Man kann niemand verlieren,
weil man niemand besitzen kann.

Wir übergeben die Verantwortung für unsere Zufriedenheit an den Ex-Partner

Ein Leben ohne diesen Menschen führt zu seelischen Schmerzen und körperlichen Begleiterscheinungen. *Mit Partner gut, ohne Partner schlecht* wäre die kürzeste Zusammenfassung. Wenn wir dieser Schlussfolgerung glauben, machen wir uns abhängig von unserem Ex-Partner und geben ihm viel Macht und Kontrolle über uns. Damit es uns wieder gut geht, müssen wir mit ihm nur wieder zusammenkommen. Wir sind abhängig von der Entscheidung eines Menschen, den wir nicht direkt beeinflussen können – von unserem Ex-Partner. Unsere Zufriedenheit hängt an einem seidenen Faden, den wir nicht spinnen. Dieses Bedürfnis ist gut verständlich, doch letztendlich halten wir uns damit selbst gefangen und machen uns sehr klein. Weil wir in diesem Fall nicht erkennen, dass wir selbst die Fäden in der Hand halten, ein glückliches und erfülltes Leben zu führen, sondern diese Verantwortung an unseren Ex-Partner abtreten.

FRAGE

Wie ist es bei dir? Übergibst du deinem Ex-Partner die Verantwortung für deine Zufriedenheit?

☐ Ja ☐ Nein

Wir haben eine verzerrte Wahrnehmung

Unsere Motivation ist, wie erläutert, meist schmerzgetrieben, selbst wenn wir das meist im akuten Trennungsschmerz nicht erkennen und sehen. Es ist ein wenig wie bei einem drogenabhängigen Menschen, der ausschließlich Drogen im Kopf hat und alles drumherum ausblendet. Unser Ziel ist es, den Ex-Partner zurückzugewinnen. Doch wie ein Drogenabhängiger können auch wir uns in dieser Phase nicht vollständig auf unser Bauchgefühl und unsere Urteilsfähigkeit verlassen. Mit der Folge, dass wir aufgrund dessen Dinge falsch oder verzerrt einschätzen.

Ein Beispiel: Ich habe in meiner therapeutischen Arbeit viele Menschen begleitet, die zunächst selbst Trennungsabsichten hatten, bevor sich dann ihr Partner *schneller* von ihnen trennte. Die eigenen Trennungsgedanken waren dann plötzlich wie verschwunden, und sie waren der vollen Überzeugung, dass der Ex-Partner perfekt gewesen war und alles gut gepasst hatte. Sie haben in diesem Zustand nicht erkannt, dass dies nur ein Teil der Wahrheit ist.

Alles, was uns Menschen ohne unsere Entscheidung weggenommen wird, scheint attraktiv, und wir wollen es haben – wie bei Kindern mit Spielzeugen. Erst wenn wir wieder gefestigter im Leben stehen, können wir erkennen, ob wir den ehemaligen Partner »nur« zur Schmerzvermeidung zurückhaben möchten (Abhängigkeit), oder ob es tatsächlich um mehr geht (Liebe). Diese Abhängigkeit und Liebe verwechseln wir häufig, wenn wir uns in der ersten und zweiten Trennungsphase befinden.

FRAGE

Ganz ehrlich: Wie schätzt du es ein, warum möchtest du wieder mit deinem Ex-Partner zusammenkommen? Ist es mehr Schmerzvermeidung oder Liebe? Mache ein Kreuz, wo du dich heute befindest. Sei ehrlich zu dir selbst.

Es ist Schmerzvermeidung — Es ist Liebe

Wir halten uns selbst länger im Schmerz gefangen

Solange wir unsere Zeit und Energie dafür einsetzen, wieder mit unserem Ex-Partner zusammenzukommen, werden wir die Trennung nicht akzeptieren können. Klar, das möchten wir in diesem Moment auch nicht. Dennoch ist es hilfreich, sich bewusst zu machen, dass die Hoffnung auf ein glückliches Zusammenkommen zwei Seiten hat.

Einerseits kann sie etwas Hilfreiches und Unterstützendes für die ersten Tage und Wochen nach dem Beziehungsende sein. Andererseits hält sie uns jedoch gefangen, weil wir den neuen Beziehungsstatus leugnen, in der Hoffnung, dass es doch noch mal klappt. *Lieber diesen Schmerz aushalten, als keine Hoffnung und keinerlei Kontakt mehr zu haben* ist ein häufiger bewusster oder unbewusster Gedanke. Somit blockieren wir uns selbst und verhindern einen wichtigen Schritt aus dem Trennungsschmerz.

Es ist ein wenig wie ein Spreißel im Fuß, der bei jedem Schritt schmerzt. Doch aus Angst, dass das Herausziehen noch viel mehr wehtut, lassen wir ihn stecken. Selbstverständlich schmerzt das Herausziehen des Spreißels. Doch erst dann kann unser Fuß heilen. Ähnlich ist es mit seelischen Schmerzen und der Entscheidung, die Hoffnung loszulassen.

FRAGE

Wenn du noch Hoffnung hast, wieder mit deinem Ex-Partner zusammenzukommen: Glaubst du, dass du dich durch die Hoffnung selbst länger im Schmerz gefangen hältst als notwendig?

☐ Ja ☐ Nein

Die drei letzten Fragen dienen dir zur Selbstreflexion. Manchmal verändert sich allein dadurch etwas, wenn wir uns diese Fragen selbst beantworten.

Hilfreiches Wissen: Den Verstand durchschauen

Unser Verstand meldet sich auf die oben genannten Aspekte, die gegen die Ex-zurück-Strategien sprechen, häufig mit vielen Gegenargumenten. Einige Beispiele möchte ich hier nennen. Es sind Impulse und nicht die einzige Wahrheit. Wenn du noch tief im Trennungsschmerz steckst, dann überspringe diesen Abschnitt am besten, weil wir diese Dinge häufig nicht wahrhaben können, nicht hören möchten und eher in den Widerstand gehen. Wenn nicht, dann zeige ich dir diverse Antworten, wie du deinem Verstand begegnen kannst.

Der Verstand sagt: »Nein, hinter meiner Motivation steht nicht die Schmerzvermeidung, ich liebe diesen Menschen wirklich.«
Ich könnte dir antworten: Wenn du diesen Menschen tatsächlich liebst, möchtest du, dass es ihm gut geht, richtig? Dann respektiere seine Entscheidung, denn er hat sich getrennt, weil es ihm damit besser geht als in der Beziehung. Auch wenn das wehtut. Wenn dir das gelingt, wäre es *bedingungslose* Liebe von deiner Seite. Wenn du es für dich machst, ist es keine Liebe, sondern emotionale Abhängigkeit.

Der Verstand sagt: »Ich sehe so viel Potenzial in unserer Partnerschaft und möchte ihn nicht verlieren.«
Ich könnte dir antworten: Es kann gut möglich sein, dass die Beziehung viel Zukunftspotenzial hat, doch dein Partner hat sich für eine Zukunft ohne dich entschieden. Das gilt es zu akzeptieren. Oder traust du ihm nicht zu, dass er als erwachsener Mensch Entscheidungen für sich treffen kann.

Der Verstand sagt: »Ich möchte diesem Menschen beweisen, dass ich ein guter Partner sein kann.«
Ich könnte dir antworten: Hast du keine Möglichkeiten gehabt, der beste Partner für deinen Partner zu sein? Warum hast du das nicht bereits gemacht, als ihr noch zusammen wart, und bist erst nun nach dem Verlust dazu bereit? Ist der Schmerz und nicht die Liebe dein Antrieb, selbst ein guter Partner zu sein?

Ich hoffe, dass du diese Direktheit annehmen kannst und sie dir Klarheit bringt.

Manipulatives Verhalten: Den Ex-Partner zurückgewinnen

Wir sehen es häufig als die beste und einzige Möglichkeit an, unseren Ex-Partner zurückzuerobern, um unserem Schmerz und den negativen Gefühlen zu entkommen. Der Begriff *Ex-Partner-zurück-gewinnen* ist in meinen Augen die falsche Bezeichnung. Unser Partner ist ja gegangen, weil er diese Partnerschaft nicht mehr führen wollte. Warum sollte er also freiwillig zu etwas zurückkehren, was er bewusst verlassen hat? Es würde höchstens um einen Neuanfang gehen, und nicht um ein Zurück in die alte Beziehung. Darüber hinaus wird bei der Betrachtung der verwendeten Worte rund um die Ex-zurück-Strategien deutlich, dass diese aus der Militärsprache kommt: Kampf, Strategie, Taktik oder Gewinnen. Mit Liebe hat das wenig zu tun, denn diese möchte frei sein und nicht manipuliert oder erkämpft werden.

Niemand hat das Recht,
jemand anderem den eigenen Willen aufzuzwingen
oder ihn dahingehend zu manipulieren.

Dieses Verhalten bringt langfristig ausschließlich Leid – vor allem dir selbst. Auch wenn das in deiner jetzigen Situation schwer vorstellbar ist. Es gibt glückliche Beziehungen nach dem Erfolg der Ex-zurück-Strategien. Doch häufig sind sie nicht dauerhaft, da der Partner ja *nur* aufgrund der ausgeklügelten Maßnahmen wieder Interesse an dir zeigt und nicht, weil er dich so, wie du bist, schätzt und liebt. Er mag somit viel mehr die sich strategisch verhaltende Version von dir. Diese wird, wenn ihr wieder zusammen seid, relativ schnell verschwinden. Im Folgenden einige Gedanken zum Thema »Versprechen machen« und zu häufigen Beziehungskonstellationen nach einer Trennung.

Dem Ex-Partner etwas versprechen

Nachdem wir verlassen worden sind, haben wir meist eine Idee, warum der Partner gegangen ist. Möglicherweise hat er uns auch Trennungsgründe genannt. Für gewöhnlich schlussfolgern wir daraus: Wenn wir diese Dinge ab sofort machen oder verbessern (zum Beispiel wieder mehr Nähe zulassen und mehr Interesse zeigen) beziehungsweise weniger machen (zum Beispiel weniger klammern oder kritisieren), dann werden wir wieder attraktiver für unseren Partner. Darum erzählen wir ihm von diesen Erkenntnissen und verspreche ihm, dass wir uns diesbezüglich verändert haben und uns in Zukunft anders verhalten werden.

Glaubst du, dass diese Versprechen nachhaltig sind? Laut meiner Erfahrung sind sie das nicht. Es gibt sicherlich Verhaltensweisen, die wir in kurzer Zeit und allein aufgrund einer Entscheidung verändern können. Doch bei den meisten Mustern kommen diese irgendwann wieder zum Vorschein.

So ist es auch mit Verhaltensänderungen nach einer Trennung. Denn die wenigsten tiefen Themen in Beziehungsfragen können wir allein durch eine Entscheidung und pure Willenskraft verändern. Das ist nur der Beginn. Häufig liegen bewusste oder unbewusste Gründe und unsere gesamte Lebensgeschichte dahinter. Wenn wir diese kennenlernen und verwandeln möchten, benötigen wir unsere Gefühlswelt und ausreichend Zeit. Falls dich das Thema weiter interessiert: In meinem Beziehungsratgeber »Beziehungsleben« kannst du diese Beziehungsmuster erkennen und erhältst Impulse für deren Auflösung.

Hoffnung ist nicht die Überzeugung, dass etwas gut ausgeht, sondern die Gewissheit, dass etwas Sinn hat, egal, wie es ausgeht.

VÁCLAV HAVEL

AUFGABE

Die Wiederholungen in deinen Beziehungen

Diese Aufgabe soll dir helfen, dich und dein Verhalten besser zu reflektieren. Nimm dir Zeit, um die Fragen zu beantworten, und frage gern auch enge Freunde, die dich gut kennen. Welche deiner Verhaltensweisen haben sich in Beziehungen wiederholt? Was hast du immer wieder ähnlich gemacht?

Die positiven Dinge, die du und/oder deine Ex-Partner an dir mochten und sich in verschiedenen Partnerschaften wiederholten:

Die schwierigen Dinge, die du an dir selbst nicht mochtest oder dir verschiedene Ex-Partner bereits vorgeworfen haben:

Hast du Dinge gefunden, die sich wiederholten? Wird dir dadurch klarer, ob mögliche Versprechen an deinen Ex-Partner (oder innerlich an dich selbst) wirklich realistisch und rein aufgrund einer Entscheidung umsetzbar sind?

Dieser realistische Blick kann uns helfen, uns und unserem Partner nichts vorzumachen. Ich kann mir vorstellen, dass du dir diese Veränderungen tatsächlich wünschst und im Augenblick der festen Überzeugung bist, dass du es zukünftig anders machen wirst. Wir glauben in dem Moment tatsächlich, dass wir diese Versprechen einhalten können – das erlebe ich häufig in meiner Praxis. Doch mit hoher Wahrscheinlichkeit besteht eine Diskrepanz zwischen Wunsch und Wirklichkeit.

Das klingt vielleicht frustrierend. Diese Gedanken können dir jedoch dabei helfen, nicht in diese Versprechensfalle zu tappen. Stell dir vor, dass dein Partner dir deine Versprechen abnimmt und ihr aufgrund dessen wieder zusammenkommt. Dann gelingen dir einige Verhaltensveränderungen am Anfang tatsächlich, doch früher oder später kommt die alte Version wieder zum Vorschein. Wie wird dein Partner darauf reagieren? Er wird sich wohl hintergangen vorkommen, und die Wahrscheinlichkeit ist hoch, dass er wieder mit Trennungsgedanken spielt.

Zudem wird bei dieser einseitigen Verantwortungsübernahme *Ich verbessere und verändere mich* von deiner Seite aus völlig übersehen, dass dein Ex-Partner ebenfalls seinen Anteil zum Beziehungsende beigetragen hat. Doch er müsste nicht an sich arbeiten, wenn es nur deine einseitigen Versprechen gäbe. Er wird eher wie von einem Thron aus beobachten, ob es sich tatsächlich verbessert. Denn die Neuaufnahme der Beziehung war ja in diesem Fall vor allem von dir initiiert. Inwieweit es sein eigener Wunsch war, wissen wir nicht. Somit wird seine Motivation, an sich zu arbeiten, erfahrungsgemäß niedrig bis nicht vorhanden sein.

AUFGABE

Deine Reflexion

Markiere auf der folgenden Skala, wo du dich befindest: Wie groß ist dein Bedürfnis, mit deinem Ex-Partner wieder zusammenzukommen?

Nicht vorhanden — Sehr groß

Mache bei dieser Frage ebenfalls ein Kreuz auf der Linie: Wie hoch ist die Wahrscheinlichkeit, dass dein Partner wirklich an einer Fortsetzung der Beziehung interessiert ist? Es geht dabei nicht um deinen Wunsch, sondern darum, wie ein externer Beobachter es bestmöglich und ehrlich beantworten würde.

Sehr gering — Sehr hoch

Angenommen, du würdest garantiert nicht mehr mit deinem Ex-Partner zusammenkommen, was würde das bedeuten? Was würdest du anders in deinem Leben machen, wenn du eine 100-prozentige Garantie dafür hättest?

___

___

___

___

___

On-Off-Beziehung mit dem Ex-Partner

Es gibt nicht wenige Paare, die nach der Trennung in einen sogenannten On-Off-Beziehungsstatus rutschen. Mal sind sie zusammen, dann wieder getrennt. Häufig kommen sie zusammen, weil der verlassene Partner den anderen überzeugt, ihm nochmals eine Chance zu geben. Meist trennt sich ebenfalls wieder der Partner, von dem die erste Trennung ausging. Dieses *Spiel* kann sich oft wiederholen. Für dich, der verlassen worden ist, hat es zwei Seiten. Wenn ihr wieder zusammenkommt, ist der Großteil der Schmerzen weg und die Hoffnung da, dass die Beziehung nun dauerhaft Bestand hat. Wenn er sich erneut trennen sollte, landest du wieder im Tal der Tränen, und die Trennungsverarbeitung beginnt für dich von vorn.

Wenn das öfter passiert, lernt dein Gehirn, dass dies das beste Heilmittel gegen Liebeskummer ist: wieder mit ihm zusammenzukommen, um dem Schmerz zu entfliehen. Das verhindert jedoch die wirkliche Verarbeitung und führt zu einer noch größeren emotionalen Abhängigkeit. Mache dir das bewusst, und prüfe für dich gut, ob und, wenn ja, wie oft du dieses Wechselspiel mitmachen möchtest.

Sex mit dem Ex-Partner

Viele Paare landen nach dem Beziehungsende gemeinsam im Bett. Beide haben etwas davon: Der Verlassene bekommt Zeit und Nähe mit dem Ex-Partner, sein Schmerz erhält eine Ruhepause und seine Hoffnung Nahrung. Der andere bekommt unverbindlichen und leicht zu habenden Sex und ebenfalls Nähe und Austausch. Meine klare Empfehlung: kein Sex mit dem Ex, solange dieser sich nicht wieder verbindlich auf die Beziehung eingelassen hat.

Obwohl es vermeintlich zwei Gewinner gibt, ist es letztendlich ausschließlich einer: dein Ex-Partner. Dich wird mit hoher Wahrscheinlichkeit die Sehnsucht nach dem Menschen und der Wunsch nach Nähe dazu veranlassen. Egal, ob du es selbst initiierst oder dein Ex-Partner. Er hat es leicht und trifft auf einen Menschen, der verletzlich ist und momentan nicht gut auf sich aufpassen kann. Selbst wenn sich seine und deine Gefühle noch so echt anfühlen, empfehle ich dir, nicht intim zu werden.

Eine Freundschaft mit dem Ex-Partner

Nach der Trennung direkt in den Freundschaftsmodus zu wechseln macht in meinen Augen frühestens dann Sinn, wenn du ohne emotionale Schmerzen an deinen Ex-Partner denken und ihm begegnen kannst sowie keine Beziehung mehr mit ihm führen möchtest. Solange du noch Hoffnung auf eine Wiederaufnahme der Partnerschaft hast, ist eine Freundschaft schwer möglich. Du würdest bei jedem Kontakt ein Stück in deinem Trennungsprozess zurückgeworfen, und ihr könntet euch nicht auf Augenhöhe begegnen. Wie eine »normale« Freundschaft entsteht diese bei einem ehemaligen Paar nicht von heute auf morgen. Wenn euch beiden der andere Mensch wichtig ist, dann wird ein freundschaftliches Begegnen ebenfalls noch nach Monaten oder Jahren möglich sein.

AUFGABE

Deine Reflexion

Nachdem du den gesamtem Ex-zurück-Abschnitt gelesen und die Aufgaben umgesetzt hast, wie geht es dir jetzt?

Welche Dinge sind dir klar geworden?

____

____

____

____

____

____

____

____

Teilst du meine Einschätzung zu den Ex-Partner-zurück-Strategien? Wenn ja, was bedeutet das für dich? Und wenn nein, was bedeutet das?

Sinnvolles Verhalten: Der Kontakt mit dem Ex-Partner

Nachdem wir uns in den bisherigen Kapiteln vor allem darauf fokussiert haben, welches Verhalten nicht zielführend ist, blicken wir nun darauf, was den Liebeskummer am schnellsten verschwinden lässt.

In den allermeisten Fällen ist es das Beste, nach einer Trennung keinerlei Kontakt zum Ex-Partner zu suchen und unsere Energie und Zeit in die eigene Heilung unseres Trennungsschmerzes zu investieren. Denn einen möglichen Beziehungswunsch des Ex-Partners können wir nicht direkt beeinflussen. Der einzige Mensch, auf den wir den vollen Einfluss haben, sind wir selbst. Somit ist es am sinnvollsten, wenn wir uns mit uns und unserer Gefühlswelt auseinandersetzen sowie mit den weiteren Aspekten in diesem Trennungsratgeber.

Wenn es uns gelingt, den gesamten Fokus auf uns selbst zu richten und uns gut um uns selbst zu kümmern, profitieren wir langfristig am meisten davon. Wir stehen am Ende des Trennungsprozesses wesentlich freier, unabhängiger und selbstbewusster im Leben. Das hilft uns in beiden Fällen: Wenn wir nicht mehr mit unserem Ex-Partner zusammenkommen, sind wir bereits wichtige Entwicklungsschritte gegangen und stecken nicht im Stadium der Hoffnung fest. Falls wir wieder mit dem Ex-Partner zusammenkommen, sind wir in der Zwischenzeit persönlich gewachsen, und nicht die Schmerzvermeidung, sondern im besten Fall die beiderseitige Zuneigung und Liebe sind Basis eines Beziehungsneuanfangs.

Es bedeutet Arbeit, falls ihr wieder zusammenkommt

Der Weg zurück in die Partnerschaft ist mit Einsatz, Arbeit, Zeit und Kommunikation verbunden – und langfristig gesehen nicht zwingend der leichtere Weg. Ansonsten landet ihr schnell wieder im alten Beziehungsmodus. Denn wir selbst sollten die Trennung und was sie bei beiden innerlich ausgelöst hat, aufarbeiten. In diesem Fall wird es um Vertrauen gehen und um die Angst, dass der Partner uns wieder verlässt. Zudem wird es um die gemeinsame Aufarbeitung der Trennungsgründe gehen und darum, dass nun beide 50 Prozent zum Gelingen der Beziehung beizutragen haben.

AUFGABE

Deine Reflexion

Nimm dir einen Moment Zeit zu reflektieren: Was geschieht aktuell in dir, wenn du in Kontakt mit Themen rund um deinen Ex-Partner kommst?

In welchen Situationen, an welchen Orten oder in welchen Momenten erinnerst du dich an deinen Ex-Partner?

Was fühlst du dabei? Wut, Trauer, Enttäuschung, Hoffnung, Freude, Erleichterung oder etwas anderes?

Welchen Impuls hast du in diesen Momenten? Möchtest du deinen Ex-Partner kontaktieren, anschreien, ihn in den Arm nehmen oder von einer Brücke werfen?

Was hilft dir in diesen Erinnerungsmomenten, um wieder in deine Mitte zu finden? Freunde anrufen? Tanzen? Schreien? Schreiben? Weinen? Arbeiten?

Hat es sich im Lauf der Zeit verändert, wie dich diese Erinnerungen berühren? Wurde es besser oder schlechter?

REFLEXION

Wie ging es mir in Woche 5?

Fülle zum Abschluss dieser Woche aus, wie die letzten 7 Tage für dich waren.

1. Wie ich die letzte Woche in einem Satz beschreibe …

____

____

____

2. Das Beste, was ich diese Woche gemacht habe …

____

____

____

3. Mein Bedürfnis, meinen Ex-Partner in der letzten Woche zurückzugewinnen, war ...

   ☐ sehr groß ☐ groß ☐ etwas ☐ gering ☐ nicht vorhanden

4. Was ich im Rückblick auf diese Woche meinem Ex-Partner alles sagen würde …

____

____

____

5. Warum es sich gelohnt hat, in der letzten Woche zu leben …

____

____

____

6. Was ich mir für die nächste Woche vornehme …

____

____

____

Woche 6: Der Umgang mit Wut und Enttäuschung

Für die Verarbeitung einer Trennung ist Wut etwas Hilfreiches und Wichtiges, solange wir nicht dauerhaft darin stecken bleiben. Manchmal zeigt sie sich direkt, nachdem wir verlassen wurden – weil der Partner fremdgegangen ist, sich unmöglich verhalten hat oder die Trennungsumstände einfach nur fies waren. Manchmal fühlen wir die Wut erst nach Wochen oder Monaten und in seltenen Fällen nach Jahren. Es gibt außerdem Menschen, die keine oder kaum Wut spüren und sie daher auch nicht ausdrücken. Es ist demnach ein Gefühl, das sich nach einer Trennung sehr unterschiedlich zeigt.

Neben Wut sind wir häufig enttäuscht: über unseren Ex-Partner, über uns selbst oder die Ungerechtigkeit des Lebens. Diese Enttäuschungen können wiederum dazu führen, dass unsere Wut in uns angetriggert wird. Ein Kreislauf, aus dem wir manchmal kaum herauskommen.

Damit du einen sinnvollen Umgang mit diesen beiden Gefühlszuständen finden kannst, befassen wir uns in dieser Woche damit:

- Der Umgang mit der Wut auf den Ex-Partner
- Der Umgang mit unserer Enttäuschung

Der Umgang mit der Wut auf den Ex-Partner

Wie Wut gezeigt wird, unterscheidet sich von Mensch zu Mensch. Manche spüren intensive Wut bis Hass, anderen ist dieses Gefühl eher fremd. Manchen sieht man ihre Wut an, andere verbergen sie. Auch richtet sich die Wut an verschiedene Zielgruppen: auf den Ex-Partner oder seine mögliche Affäre, auf uns selbst oder den lieben Gott. Wut entsteht immer dann, wenn wir uns nicht gerecht behandelt fühlen, wenn wir betrogen oder misshandelt wurden oder wir nicht wollten, dass etwas so passiert, wie es geschehen ist. Meist steht eine Forderung hinter ihr.

Die Wut ist kein sinnloses Gefühl, es kommt vielmehr darauf an, wie wir sie nutzen. Im besten Fall bringt sie uns auf die Frage »Was will ich? Was mache ich jetzt?«. Damit können wir wieder aktiv werden und Entscheidungen treffen, anstatt verbittert oder aggressiv zu werden. Um die Wut gehen lassen zu können, müssen wir sie zuerst ausdrücken. Der Verstand kann uns dabei etwas unterstützen, wird aber nie die vollständige Lösung finden. Dabei ist es wichtig, dass die Wut an die richtige Person adressiert ist, sonst kann es passieren, dass der Ausdruck nicht nachhaltig wirkt.

Meine Klienten haben meist die heftigste Wut auf ihren ehemaligen Partner. Die Wut auf ihn, weil er uns sitzen gelassen, angelogen, Versprechen gebrochen, uns hintergangen oder in seine Trennungsgedanken nicht mit einbezogen hat.

AUFGABE

Wut auf deinen Ex-Partner

Wie wütend bist du auf deinen Ex-Partner?

☐	☐	☐	☐	☐
1	2	3	4	5

1 = Keine Wut 5 = Sehr starke Wut

Verfasse einen Wut-Brief an deinen Ex-Partner oder das Universum mit all deinen Vorwürfen. Worauf bist du wütend?

Ich bin wütend auf dich, weil …

____

____

____

Ich hasse dich, weil …

____

____

____

Du bist der größte Vollidiot, weil …

____

____

____

Jetzt darfst du alles in fünf Worten zusammenfassen. Schreibe in jeden der fünf Finger auf den gestrichelten Linien ein Schimpfwort, warum dich dein Ex-Partner mal kreuzweise kann. Auch wenn es dir schwerfällt oder du solche Worte nicht ausdrücken möchtest, versuche es einmal … Das kann sehr befreiend sein.

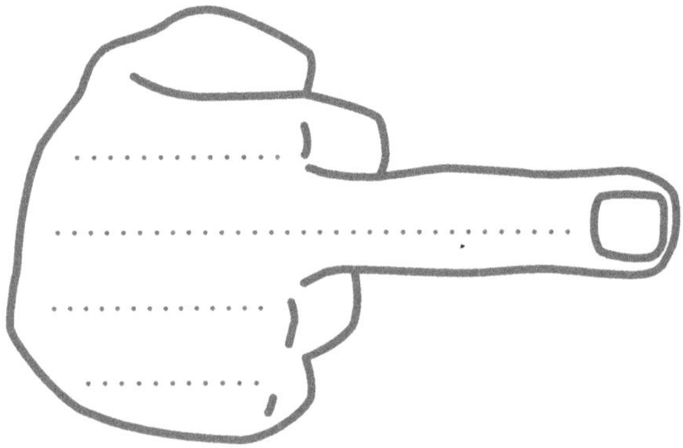

Warum es so wichtig, unsere Wut rauszulassen? Unsere Wut muss raus, damit wir uns nicht mit ihr von innen selbst vergiften! Selbstverständlich solltest du diese nicht an anderen Menschen auslassen und dich oder andere damit verletzen. Indem wir die Wut ausdrücken, kann es passieren, dass wir den Ex-Partner Stück für Stück wie von uns wegstoßen und wir dadurch wieder mehr und mehr die Kontrolle zurückgewinnen. Wenn wir unsere Wut unterdrücken, binden wir uns damit selbst an unseren Ex-Partner. Unser Loslassen und Weitergehen wird dadurch verhindert.

Wenn wir hingegen überhaupt keine Wut spüren, heißt das nicht, dass irgendetwas falsch mit uns ist. In diesem Fall gilt es herauszufinden, ob wir sie unterdrücken oder ob wir tatsächlich keine haben. Wenn wir für lange Zeit in der Wut stecken bleiben, ist das ein Hinweis darauf, dass wir sie noch nicht ausreichend oder nicht richtig ausgedrückt haben. Der Ausdruck der Wut und des Ärgers ist der beste Weg, beides loszulassen. Was könntest du zusätzlich noch machen, außer einen Wutbrief zu schreiben?

- **Telefonieren:** Nimm dein Telefon, und tue so, als ob du mit deinem Ex-Partner verbunden bist und er dir zuhört. Beschimpfe ihn, so gut es geht und so lange, bis dir nichts mehr einfällt.

- **Anklagen:** Suche dir einen Platz in deiner Wohnung, an dem du dich ansonsten nicht aufhältst. Stelle dir einen Wecker auf 5 bis 10 Minuten. In dieser Zeit hast du die Möglichkeit, dich zu beklagen und wütend zu sein. Stelle dir vor, dein Ex-Partner sitzt dir gegenüber. Schreie ihn mit voller Kraft an, sei wütend, beschwere dich bei Gott und der Welt. Lass alles raus, was rausmöchte. Wenn der Wecker klingelt, höre sofort damit auf, schüttle deinen Körper gut durch, und lenke dich danach mit etwas anderem ab. Wiederhole das für einige Wochen am besten täglich.

- **Schlagen:** Schlage deine Matratze oder ein Kissen k. o., klebe ein Foto deines Ex-Partner darauf, und werde zum besten Boxer. Du kannst auch stupide auf den Boden stampfen oder mit voller Energie auf- und abhüpfen. Sprich dabei laut oder leise all deine Vorwürfe aus.

- **Rennen:** Sprinte beispielsweise so schnell du kannst, und verausgabe dich dabei völlig, schleudere Steine in einen Fluss, oder schlage Holzscheite gegen einen Baumstamm.

Manchmal bleiben wir in der Wut hängen, weil sie uns noch eine Verbindung zum Ex-Partner ermöglicht. Sie ist in diesem Fall ein Ersatzgefühl für das frühere Gefühl der Liebe. Diese Bindung über Wut kann manchmal noch stärker sein als die vorherige über die Liebe. Einige weitere Gedanken, wenn du bereits seit langer Zeit in der Wut festhängst:

- **Eigenverletzung 1:** Wenn wir ewig wütend auf andere sind, ist es ein wenig so, als ob wir glühende Kohlen nach jemandem werfen. Wir verletzen uns dabei nur selbst und haben nicht einmal die Garantie, dass wir den anderen treffen.

- **Eigenverletzung 2:** Wut und Vorwürfe auszudrücken ist ein wichtiger Baustein auf dem Weg, die Trennung zu verarbeiten. Sich jedoch dauerhaft zu beschweren, bedeutet im wahrsten Wortsinn *Ich mache es mir schwer!* Wenn es dir gelingt, die Vorwürfe aus der Hand zu geben, hast du sprichwörtlich nichts mehr gegen deinen Ex-Partner in der Hand. Das ist emotionale Abrüstung und Befreiung für dich selbst.

- **Eigenverantwortung:** Die Wut, der Ärger, der Groll sind in uns selbst entstanden. Unabhängig davon, warum sie entstanden sind und welchen Anteil dein Ex-Partner mit seinem Verhalten dabei hatte. Er hat die Wut nicht in dich hineinpflanzen können.

- **Macht:** Solange wir andere Menschen hassen oder wütend auf sie sind, verleihen wir ihnen Macht über uns und unsere emotionale Lage. Wie ist es bei dir, wie viel Macht hast du in die Hände deines Ex-Partners gelegt, und möchtest du sie ihm geben?

AUFGABE

Dein Perspektivenwechsel

Formuliere im ersten Schritt die drei größten Vorwürfe und Aspekte deines Ärgers. Zum Beispiel *Ich bin wütend auf dich, weil du gegangen bist, ohne unserer Beziehung eine Chance zu geben.*

Deine drei größten Vorwürfe:

1. ______________________________

____

2. ______________________________

____

3. ______________________________

____

Verwandle diese Vorwürfe anschließend sprachlich in Wünsche, wie etwa: *Ich hätte mir von dir gewünscht, dass du unserer Beziehung eine Chance gegeben und mit mir das Gespräch gesucht hättest. Das wäre wichtig für mich gewesen.*

Die drei Vorwürfe in Wünsche umgewandelt:

1. ______________________________

____

2. ______________________________

____

3. ______________________________

____

Was verändert sich dadurch in dir? Hat es einen Einfluss auf deine Wut? Häufig gelangen wir dadurch zur Trauer, die oft eine Schicht unter der Wut liegt. Wir müssen nicht zwingend die Wut erlebt haben, um traurig zu sein. Doch bei manchen Menschen zeigt sich der Schmerz in voller Tiefe erst, wenn sie die Wut erlebt haben.

Unsere Wut lässt sich nicht bekämpfen, sie braucht den Ausdruck. Ansonsten tragen wir sie unterdrückt mit und in uns. Manchmal braucht es auch Zeit, bis sie sich zeigt. Zum Abschluss noch ein humorvolles Zitat:

»Und sollte ich vergessen haben,
jemanden zu beschimpfen,
dann bitte ich um Verzeihung.«

JOHANNES BRAHMS

Impuls für zwischendurch

Wenn du deine Körperhaltung veränderst, verändert sich damit etwas in deinem Inneren. Hierzu zählt beispielsweise eine gebückte Haltung oder der Blick auf den Boden. Selbstverständlich geht es uns damit schlechter.
Das heißt, aufrecht sitzen oder gehen, den Blick nach oben richten und mit beiden Beinen fest auf dem Boden verankert stehen. Das bewirkt mehr, als wir denken.

Der Umgang mit unserer Enttäuschung

Nach einer Trennung ist das Gefühl der Enttäuschung meist sehr deutlich und spürbar. Meist steht auf Platz 1 der Personen, über die wir enttäuscht sind, unser Ex-Partner und sein Umgang mit uns, gefolgt von der Enttäuschung über das Universum oder über uns selbst. Wie ist es bei dir?

»Denke daran, dass etwas,
was du nicht bekommst,
manchmal eine wunderbare
Fügung des Schicksals sein kann.«

DALAI LAMA

Eine Trennung ist unweigerlich mit Enttäuschungen verbunden – weil etwas anders gekommen ist, als wir es erwartet, erhofft oder uns gewünscht haben. Denn nicht wir haben uns freiwillig von unserem Ex-Partner getrennt, sondern er sich von uns. Ich möchte dir in diesem Abschnitt eine andere Perspektive dazu anbieten – am Beispiel einer zukünftigen Beziehung:

Wenn ich eine Partnerschaft eingehe, dann kenne ich manche Dinge, die mich erwarten. Andere kann ich nur erahnen oder mir wünschen. Zum Beispiel kenne ich Folgendes von meiner Partnerin: Sie ist 1,72 groß, hat blonde Haare, verbringt ihren Urlaub am liebsten auf Bali, plant gern alles und geht dienstags Volleyball spielen.

Für alles, was ich noch nicht kenne, muss ich eine Vorstellung platzieren, damit es für mich attraktiv bleibt, mich auf die Partnerschaft einzulassen und diese zu führen. Somit habe ich möglicherweise die Vorstellung, dass sie treu ist und mich nie verlässt, dass sie sich immer für mich interessieren wird und dass sie eine gute Mutter sein wird. Ich habe die Hoffnung und den Wunsch, dass es so kommt. Die Sicherheit habe ich zu dem Zeitpunkt jedoch nicht. Wenn es in der Realität dann anders kommt als in meiner Vorstellung oder Hoffnung, dann enttäusche ICH mich. Nicht der andere enttäuscht mich. Meine eigene Täuschung, dass meine Vorstellung so eintreten wird, wurde aufgehoben. Daher auch das Wort Ent-Täuschung.

Möglicherweise haben wir uns unbewusst genau diese Enttäuschung ausgesucht, damit wir daran wachsen können, oder um zu lernen, anders mit Erwartungen umzugehen.

Erwartungen und Enttäuschungen hängen demnach unmittelbar zusammen, das eine besteht nicht ohne das andere. Ebenso verhält es sich nach einer Trennung. Die Täuschung wurde aufgehoben, dass mein Partner nie gehen wird. Je starrer und exakter deine Erwartungen an ihn waren, desto häufiger wirst du dich enttäuschen. Je offener und freier du allem in deinem Leben entgegentrittst, desto seltener wirst du dich enttäuschen.

Diese Perspektive nach einer Trennung einzugehen fällt unfassbar schwer, auch wenn wir sie kognitiv verstehen. Denn unsere Gefühlswelt ist häufig nicht damit einverstanden, und auch unser Ego möchte diesen Blickwinkel nicht einnehmen und ihn am liebsten bekämpfen.

Nach dem Beziehungsende haben wir zudem häufig noch Erwartungen an den Ex-Partner. Beispielsweise möchten wir eine Erklärung, eine Entschuldigung oder eine Klarstellung gegenüber gemeinsamen Freunden – oder wir warten noch auf Antworten auf viele Fragen. Diese Erwartungen können wir haben, das ist unser gutes Recht. Doch wir haben keinen oder nur einen geringen Einfluss auf deren Erfüllung, und das Recht auf Erfüllung steht uns leider nicht zu. Vielleicht warten wir dann vergebens darauf. Wenn wir diesbezüglich viele Erwartungen an unseren Ex-Partner haben, können uns diese am Loslassen hindern – wir bleiben eben in der Hoffnung und im Wartemodus gefangen. Daher hilft es, Erwartungen maximal an uns selbst zu stellen und an die Dinge, die wir selbst beeinflussen können. Das bedarf einer bewussten Entscheidung, immer wieder die Erinnerung daran und viel Übung.

Die Verantwortung für das Risiko der Enttäuschung liegt stets bei dem, der vertraut!

AUFGABE

Deine Enttäuschung

Angenommen, du nimmst die oben beschriebene andere Perspektive als wahr an und hättest die Fähigkeit, sie umzusetzen: Was würde das für dich bedeuten, was würde sich in deinem Leben dadurch verändern? Würdest du anders denken, fühlen oder dich anders verhalten?

Schreibe deine Gedanken dazu auf:

REFLEXION
Wie ging es mir in Woche 6?

Fülle zum Abschluss dieser Woche aus, wie die letzten 7 Tage für dich waren.

1. Wie ich die letzte Woche in einem Satz beschreibe …

2. Das Beste, was ich diese Woche gemacht habe …

3. Mein Bedürfnis, meinen Ex-Partner in der letzten Woche zurückzugewinnen, war …
   ☐ sehr groß ☐ groß ☐ etwas ☐ gering ☐ nicht vorhanden

4. Was ich im Rückblick auf diese Woche meinem Ex-Partner alles sagen würde …

5. Warum es sich gelohnt hat, in der letzten Woche zu leben …

6. Was ich mir für die nächste Woche vornehme …

Woche 7: Die Gedanken und das Grübeln kontrollieren

Du kennst sicher diesen Satz: Gedanken erzeugen Gefühle, Gefühle erzeugen Reaktionen, und Reaktionen erzeugen unsere Handlungen. Oder, wie Buddha bereits sagte:

*»Wir sind, was wir denken.
Alles, was wir sind, entsteht aus unseren Gedanken.
Mit unseren Gedanken formen wir die Welt.«*

Die Ursache vieler schöner und leidvoller Momente sind demnach unsere Gedanken und die damit verbundenen Bewertungen. In dieser Woche werde ich dich dabei unterstützen, einen guten und zielführenden Umgang mit deinen Gedanken zu finden. Um diese drei Aspekte geht es:

- Die Mechanismen des Verstandes verstehen
- Das Gedankenkarussell stoppen
- Die Macht unserer Gedanken nutzen

Bevor wir in diese Themen tiefer einsteigen, möchte ich dir noch eine kleine Übung für den Alltag zeigen.

AUFGABE

Aufmerksamkeit verschieben

Eine kleine Aufgabe für zwischendurch, wenn du mal wieder am Grübeln bist. Du kannst sie zum Beispiel auf dem Weg zur Arbeit, zur Schule oder wo immer du hingehst machen. Suche dir eines der Beispiele heraus:

- Ich suche und zähle alle grünen Autos.
- Ich suche und zähle alle Menschen, die eine eckige Brille tragen.
- Ich suche und zähle alle Haustüren, bei welchen die Hausnummer direkt auf der Tür befestigt ist.

Die Mechanismen des Verstandes verstehen

Es ist hilfreich, bestimmte Funktionsweisen und Mechanismen unseres Verstandes zu kennen, zu verstehen und zu durchschauen. Denn er kann uns manipulieren, uns süchtig machen oder uns weitere Schmerzen zufügen, die unnötig sind.

Der Verstand im Dauereinsatz

Nachdem unser Partner uns das Ende der Beziehung mitgeteilt hat, ist nicht nur unser Körper und unsere Gefühlswelt im Ausnahmezustand, sondern unser Verstand ist ebenfalls im Dauereinsatz. Er gibt sein Bestes, um uns vor Schmerzen zu schützen. Doch seine Fähigkeiten – insbesondere nach einer Trennung – sind nur bedingt nützlich. Er verhindert und erschwert uns auch einiges. Auf der einen Seite ist der Verstand eine wichtige Stütze. Er hilft uns beispielsweise bei der Umplanung des gemeinsamen Urlaubs, dem Thema Sorgerecht für die gemeinsamen Kinder oder dem Finden einer neuen Wohnung. Auf der anderen Seite können bestimmte Gedanken wie ein Geschwür sein, unnötige Schmerzen verursachen und unsere Heilung verzögern oder verhindern. Damit meine ich vor allem das Grübeln: Unser Verstand läuft auf Hochtouren und kann ewig um dasselbe kreisen. Wir haben täglich circa 60.000 bis 70.000 Gedanken, etwa 90 Prozent davon hatten wir bereits am Tag vorher.

- **Analysieren:** Ein Teil unseres Verstandes versucht, alles zu analysieren und einzuschätzen: *Die eine Aussage von mir, wie ist die wohl beim Ex-Partner angekommen? Warum hat er in dem Moment so komisch geschaut? Heißt seine letzte SMS, dass er doch noch Gefühle hat?* Der Verstand spornt uns an, neue Erkenntnisse zu erlangen, die letzte Zeit vor der Trennung gedanklich immer wieder durchzugehen oder Nachrichten zum wiederholten Male zu lesen und zu analysieren.

- **Verstehen:** Ein Teil unseres Verstandes möchte alles verstehen, die Trennungsgründe, unser Verhalten, das Verhalten des Ex-Partners: *Was habe ich falsch gemacht? Was ist die Schuld des Partners? Was muss passieren, dass wir wieder zusammenkommen?*

- **Bewerten:** Ein Teil unseres Verstandes bewertet alles: *Wie blöd habe ich mich denn verhalten? Hätte ich es doch in dem Moment anders gemacht! So, wie ich bin, ist es kein Wunder, dass ich verlassen wurde!* Dem Verstand gelingt es, dass wir uns wegen einer Erinnerung oder einem Gedanken schlecht oder schuldig fühlen oder traurig werden.

- **Lösen:** Ein Teil unseres Verstandes sucht unaufhörlich nach Wegen, uns aus unserem schmerzhaften Gefühlszustand zu bringen: *Wenn ich verstehen würde, was ich falsch gemacht habe, dann … Wenn ich nur wüsste, dass mein Ex-Partner ebenfalls unglücklich ist …* Der Verstand spornt dich an, die verrücktesten Lösungsmöglichkeiten zu kreieren, und sucht und sucht und sucht.

Kennst du diese nicht enden wollenden Gedankenabläufe, das Hinterfragen und Grübeln? Eine Kollegin von mir nannte es einmal passend »Wiederkäuen«. Diese Art von Grübeln ist einer der häufigsten und gleichzeitig selbstzerstörerischsten

Verhaltensweisen nach einer Trennung. Doch nicht nur in dieser Lebenssituation kommen wir ins Grübeln. Das passiert ebenso auf der Arbeit, weil wir zum Beispiel über die Bemerkung einer Kollegin tage- oder wochenlang nachdenken oder wir Ärger mit einer Behörde haben und uns die vermeintliche Ungerechtigkeit nicht mehr loslässt.

AUFGABE

Dein Gedankenkarussell

Schreibe auf, welche Gedanken du dir am häufigsten machst. Welche Wiederholungen gibt es, was beschäftigt dich am meisten? Schreib deine drei Gedanken auf, die sich immer wiederholen. Meist sind es die, die dir zuerst in den Sinn kommen.

1. ______________________________

____

____

____

2. ______________________________

____

____

____

3. ______________________________

____

____

____

Wie oft am Tag befasst du dich mit diesen Gedanken, Vorwürfen oder Fragen? Trage die geschätzte Anzahl hier ein:

Gedanke 1: ______________________________

Gedanke 2: ______________________________

Gedanke 3: ______________________________

Ich kann mir vorstellen, dass du eine hohe Anzahl aufgeschrieben hast. Beantworte dir im letzten Schritt die folgende Frage: »Verbessert das, was ich denke, meine aktuelle Situation?«

Gedanke 1: ☐ Ja ☐ Nein

Gedanke 2: ☐ Ja ☐ Nein

Gedanke 3: ☐ Ja ☐ Nein

Lautet die Antwort *Ja*, dann mache es weiterhin. Lautet die Antwort dagegen *Nein*, dann versuche, es zu lassen, und mache etwas anderes. Nutze eine der im folgenden genannten Techniken, um raus aus den Wiederholungen des Verstandes zu kommen.

Auch hier ist der erste Schritt wieder das Bewusstsein darüber, was du mit dir selbst machst: ob dein Verhalten dir nutzt oder nicht. Selbstverständlich können wir die Gedanken nicht einfach ausschalten, aber wir können mit Disziplin und Übung lernen, anders zu agieren.

Einen guten Umgang mit diesen Gedanken und dem ganzen »Wirrwarr« im Kopf zu erlernen ist eine Lebensaufgabe. Doch es lohnt sich, diese Zeit und Energie zu investieren, sich nicht vom Verstand täuschen zu lassen, ihm nicht die gesamte Aufmerksamkeit zu schenken und die Wiederholungen zu stoppen. Denn wir sind dem nicht hilflos ausgeliefert und können etwas dagegen tun. Aber du musst beharrlich dranbleiben, um den Liebeskummer zu überwinden, du brauchst vor allem Disziplin und Wissen.

Das Gehirn lernt durch Wiederholungen

Lass uns gleich zu Beginn eine kleine Aufgabe machen, du kennst sicherlich noch von früher die verschlungenen Pfade.

AUFGABE

Das Labyrinth lösen

Du darfst ein Labyrinth lösen. Nutze dafür einen Stift, und zeichne den Lösungsweg ein. Und mache das anschließend gleich noch mal: Fahre den Lösungsweg 3- bis 4-mal mit dem Stift nach. Warum? Dazu kommen wir später.

Du kannst dir deine Gehirnverbindungen als ein riesiges Netz an Verknüpfungen vorstellen. Dabei existieren Netzwerkverknüpfungen verschiedener Qualität und Breite: ausgebaute Autobahnen, einspurige Bundesstraßen, Fahrradwege, ein Wanderweg und ein dichter Wald ohne Trampelpfad. Nehmen wir diesen unberührten Wald als Bild.

Anfangs war noch niemand in dem Wald (dieser Gedanke wurde noch nie gedacht). Beim ersten Durchqueren des Waldes kommen wir langsam und beschwerlich voran. Wenn wir den gleichen Weg durch den Wald häufiger gehen, kommen wir schon etwas leichter durch, da wir eine gewisse Orientierung erworben haben. Mit der Zeit entsteht ein kleiner Trampelpfad (wir haben den Gedanken immer öfter gedacht). Je häufiger wir den Weg gehen, desto breiter wird der Pfad und desto leichter und schneller können wir uns auf ihm fortbewegen. Vielleicht entsteht über Jahre ein Wanderweg, dann eine kleine Straße und irgendwann möglicherweise ein Autobahnzubringer.

Das gleiche Prinzip gilt bei unseren Gedanken: Je häufiger wir diese denken und wiederholen, desto breiter wird die Verbindung zwischen zwei Punkten in unserem Gehirn. Aus diesem Grund ist es hilfreich, möglichst früh damit zu beginnen, negative Gedankengänge zu kontrollieren, um keine Autobahnen für diese zu erschaffen.

Genauso, wie ein seltener oder nie benutzter Waldweg von der Natur zurückerobert wird, wird es mit der Zeit mit unseren Gedanken passieren – wenn wir diese Gedanken seltener denken. Das gilt ebenfalls andersherum: Wenn wir konstruktive Gedanken stets wiederholen, werden die Trampelpfade zu Autobahnen, und unser Gehirn verinnerlicht das Positive.

»Denn an sich ist nichts weder gut noch böse;
das Denken macht es erst dazu.«

WILLIAM SHAKESPEARE

Das Gedankenkarussell stoppen

Während des Liebeskummers haben wir meist einen engen Korridor an Gedanken, an Perspektiven und an Interpretationsmöglichkeiten. Wir sehen manches extrem vergrößert, anderes wirkt wie nicht existent. In diesem Abschnitt möchte ich dir einige Impulse geben, anders zu denken und neue Dinge auszuprobieren. Dabei gibt es unzählige Möglichkeiten, aus dem Verstand zu kommen. Für jeden Menschen ist eine andere Übung oder ein anderer Impuls hilfreich. Darum prüfe, was für dich die passende ist.

AUFGABE

Die Gedanken stoppen

Sobald du in negative Gedankenmuster gelangst, denke bewusst an etwas vollkommen anderes. Verschiebe die Aufmerksamkeit, aktiv und sofort. Meist reichen zwei Minuten an Ablenkung aus. Einige Ideen dazu:

- Erinnere dich daran, was du vor drei Tagen zum Abendessen gegessen hast, mit wem und wo.
- Zähle rückwärts von 50 bis 0. Sobald du während des Zählens ins Grübeln kommst, beginne von vorn. Wiederhole das so lange, bis es dir gelingt, bei null anzukommen, ohne an die Trennung zu denken.
- Überlege, in welches Land du mit deinen Eltern als Kind als Erstes gereist bist und wie es da aussah.
- Lerne ein Gedicht, einen kleinen Artikel aus der Zeitung oder einen Absatz aus diesem Buch auswendig.
- Erzähle dir selbst alles, was du gerade siehst, wie »Ich sehe zwei Hände, die ein Buch halten, wenn ich den Kopf nach links drehe, steht dort …« Laufe auch gern durch die Wohnung, und erzähle laut, was du wahrnimmst.
- Sprich das Alphabet schnell vorwärts und anschließend rückwärts.

- Nutze deine Vorstellungskraft, und lege in deiner Fantasie positive Bilder über deine aktuellen negativen Gedanken, wie schöne Erinnerungen aus deiner Schulzeit, Bilder deines Traumurlaubslandes oder einen Moment aus deinem Berufsalltag, der dich zum Lachen gebracht hat. Es ist wie ein Szenenwechsel auf einer Theaterbühne.

Sobald das »Gedankenmonster« kommt, finde etwas, was du sofort umsetzen kannst. Diese mentale Kontrolle erfordert Übung und Dranbleiben. Doch die Belohnung – schmerzfreie Momente – folgt relativ schnell. Der Grübelanteil in dir braucht diese Strenge, damit er dich nicht kontrolliert. Das bedarf jedoch einer guten Differenzierung: Sei knallhart zu ihm, jedoch liebevoll zu dem verletzten Teil in dir.

Die Plapper-Technik

Kathryn K. Woodward ist Gesundheitsexpertin und Autorin, unter anderem von »Meditation für Anfänger«. Darin beschreibt sie die sogenannte *Gibberish*-Technik, die ein wenig verrückt ist. Ziel dieser Übung ist es, den Kopf frei zu bekommen. *Gibberish* ist ein Wort aus dem Englischen und bedeutet so was wie Geschwafel.

AUFGABE

Die Gibberish-Technik

Bei dieser Technik quasselt man schlichtweg drauflos und spricht ununterbrochen Fantasielaute und -worte aus. Zum Beispiel denkst du gerade über das letzte Picknick nach, dann kommen dir vielleicht Worte wie *Fahrrad, Decke, Obst, Weg, Beine* in den Kopf oder auch Laute wie *Snirrr, Hasabusaah, Rruuuh.* Sprich alles aus, ohne darüber nachzudenken. Diese Methode wird häufig als Meditationsvorbereitung eingesetzt, eignet sich jedoch ebenfalls hervorragend, um den Verstand abzulenken und vielleicht kurz über sich selbst zu schmunzeln.

Den Körper mitnehmen

Eine bewährte Möglichkeit, aus dem Gedankenkarussell auszubrechen, ist das Setzen eines sogenannten Ankers. Bei einem Anker geht es darum, dass wir etwas Bestimmtes abspeichern und bei Bedarf wieder abrufen, wie beispielsweise eine Handlung oder einen Gefühlszustand. Wenn du feststellst, dass du in destruktiven Gedankenmustern festhängst, nimm deinen Körper zur Hilfe, und mache eines der nachfolgenden Dinge.

- **Kneife dich selbst:** Unterbreche damit den Gedankenstrom, und wende dich anschließend etwas anderem zu. Das Fingernagelbett ist dafür eine gute Körperstelle. Sie ist sensibel und verdeutlicht, was wir durch unsere negativen Gedanken mit uns machen: Wir verletzen uns selbst. Wenn du das körperlich »wiederholst«, indem du mit einem anderen Fingernagel in das Nagelbett drückst, wird deine bewusste und unbewusste Motivation steigen, deine Gedanken zu kontrollieren. Bitte mache das nicht, wenn du die Tendenz zu selbstverletzendem Verhalten hast.

- **Zucke mit den Achseln:** Kombiniere diese Körperbewegung mit der inneren Haltung »Okay, dann denkt er oder sie (also du) wieder daran. So ist das jetzt eben, das ist okay«. Diese Haltung hilft dir, dich selbst besser anzunehmen.

- **Schnippe mit dem Finger:** Nimm das Geräusch des Schnippens wahr, und spüre die kurze Vibration der Fingerkuppe. Du kannst auch erkunden, wie sich das Schnippen mit verschiedenen Fingern unterschiedlich anfühlt und anhört. Das hilft dir, ins Hier und Jetzt zu kommen. Wende dich anschließend bewusst etwas anderem zu.

Wähle eines der Beispiele oder kreiere etwas Eigenes. Sobald du feststellst, dass du im Verstand bist, fokussiere dich auf eine dieser Körperübungen. Diese Wahrnehmungsverschiebung hilft dir, aus dem Gedankenkarussell auszubrechen, und hat sich als hilfreiche alltagstaugliche Routine bewährt. Das Gute daran ist, dass du sie fast überall durchführen kannst: zu Hause auf der Couch, im Auto an der Ampel oder in der Schule/Arbeit.

Die Fragen verändern

Wir stellen uns nach Verlusten oft ähnliche Fragen. Sei es nach dem Beziehungsende, einem Arbeitsplatzverlust oder anderen Schicksalsschlägen. Häufig wiederholen diese sich mehrfach am Tag, ohne dass wir wirklich weiterkommen. Daher erhalten wir stets die gleichen Antworten und bleiben in unserer Entwicklung stehen, weil wir uns nur im Kreis drehen. Ich möchte dir, ohne dies weiter zu kommentieren, einige Alternativen zu häufig gestellten Fragen mitgeben. Nimm dir für deren Beantwortung ausreichend Zeit – und bespreche sie gern auch mit Freunden.

AUFGABE

Perspektivenwechsel

Frage dich statt *Was mache ich jetzt?* einmal: *Was macht diese Erfahrung mit mir?* Schreibe die Antwort auf die zweite Frage auf:

Überlege dir, welche *Was wäre, wenn*-Fragen du im Kopf hast, und verändere diese einmal in *Was ist …*-Fragen. Notiere sie hier ebenfalls:

Frage dich statt *Was habe ich verloren?* einmal *Was habe ich dadurch gewonnen?*. Ein Beispiel: Wir können uns über den Regen aufregen oder das Gute in ihm sehen: dass er den Felder das Wasser schenkt, das unsere Nahrung, die Pflanzen, zum Wachsen benötigt. So können wir in allem Negativen auch etwas Positives finden.

Reflektiere, ob du tatsächlich die Person vermisst oder doch mehr den Status mit ihr, wie beispielsweise die Sicherheit, die Zukunftspläne, die Außenwirkung oder Weiteres?

____

____

____

____

____

____

____

____

Die Macht unserer Gedanken nutzen

Stelle dir die folgende Szene vor: *Du hältst eine reife Zitrone in deiner Hand. Du legst diese auf ein Schneidebrett und holst ein Messer aus der Schublade. Du teilst nun die Zitrone in der Mitte, nimmst eine Hälfte in deine Hand und riechst genüsslich an ihr. Nun führst du die Zitrone langsam zum Mund, schließt deine Augen und beißt genüsslich hinein.* Was passiert? Wahrscheinlich schüttelt es dich im Moment, als ob du tatsächlich in eine Zitrone gebissen hättest. Unglaublich, zu was unsere Vorstellungskraft fähig ist, oder? Denn es war ausschließlich deine Fantasie.

Es gibt unzählige ähnliche Beispiele. Von einem eindrücklichen Erlebnis möchte ich dir berichten: Ich war vor einiger Zeit auf einer Konferenz, bei er ein Hypnotiseur auftrat. Hypnose bedeutet für ihn nicht, andere Menschen zu manipulieren, sondern sie darin zu unterstützen, mit der Vorstellungskraft ihre eigene Realität zu verändern. Er zeigte uns – und wir im Publikum durften mitmachen –, wie wir unsere Hand zu einer Faust schlossen und sie anschließend nicht mehr aufbekommen haben. Es war unglaublich, denn trotz größter Anstrengung war die Faust wie fixiert. Mit einem bestimmten Satz, den wir uns selbst sagten, konnten wir sie schließlich wieder öffnen.

Dieses und viele andere Beispiele zeigen auf, dass unsere Vorstellungskraft eine immense Kraft hat – was wir erleben, was wir fühlen, was wir glauben und an was wir uns erinnern.

Entscheidend ist demnach der Fokus, mit dem wir uns einer bestimmten Sache zuwenden. Er wird darüber entscheiden, was wir wahrnehmen und erleben. Wenn ich zum Beispiel einem Interview in einer Radiosendung folge und glaube, dass dieser Experte sowieso keine Ahnung hat, fokussiere ich mich darauf, dafür eine Bestätigung zu finden – und ich werde irgendeine entdecken. Wenn ich jedoch glaube, dass mir der Experte lebensverändernde Impulse schenkt, werde ich mich darauf fokussieren und das dann auch erleben. Mit meiner inneren Haltung kann ich direkt beeinflussen, was ich erleben möchte.

Das gleiche Prinzip lässt sich nach einer Trennung nutzen. Wenn du der festen Überzeugung bist, dass das gesamte Leben schlecht ist, dass du nie aus dem Loch kommen wirst und der heutige Tag sowieso nichts Gutes bringen wird, dann wird dein System sich auf die Suche nach dieser Bestätigung machen. Denn du möchtest ja – unbewusst – recht behalten. Wenn du dich hingegen beispielsweise an diesem Tag auf die Suche nach bereichernden menschlichen Begegnungen machst, dann kann sich dein gesamtes System darauf fokussieren. In der Psychologie wird dies »die selbsterfüllende Prophezeiung« genannt.

*»Wir brauchen keine Magie, um die Welt zu ändern.
Wir tragen die notwendige Kraft in uns:
die Gabe, uns etwas Besseres vorzustellen.«*

JOANNE K. ROWLING

AUFGABE

Deine Glaubenssätze

Schreibe zunächst auf, welche positiven Glaubenssätze du über dich hast. Zum Beispiel, dass du gut kochen kannst, dass du empathisch bist oder man sich auf dich verlassen kann.

Wir alle haben, wie beschrieben, jedoch nicht nur positive Glaubenssätze über uns. Vielleicht kennst du »The Work« von Byron Katie, mit welcher schon unzählige Menschen ihre negativen in neutrale oder positive Glaubenssätze verwandelt haben. Byron Katie ist Lehrerin und Bestsellerautorin aus den USA. Sie behauptet, dass uns vier Fragen sofort helfen, wenn wir etwas Negatives über uns selbst denken. Ob wir uns selbst abwerten, ob wir mit einer Trennung zu kämpfen haben oder andere Herausforderungen im Leben zu meistern haben.

AUFGABE
The Work

Schreibe zunächst einen Glaubenssatz auf: etwas, was du nicht an dir magst, was du an dir ablehnst oder wo du negativ über dich denkst.

Mein negativer Glaubenssatz:

Ich ... ______________________________

____

____

Beantworte dir nun die Frage, ob das, was du oben formuliert hast, wahr ist?

☐ Ja, es ist wahr ☐ Nein, es ist nicht wahr

Kannst du mit absoluter Sicherheit wissen, dass das wahr ist? Mache ebenfalls ein Kreuz:

☐ Ja ☐ Nein

Was passiert, wenn du deinen negativen Glaubenssatz glaubst? Was machst du, wie reagierst du, welche Gedanken hast du, und wie fühlst du dich dabei, wenn du dem Gedanken glaubst?

____

____

____

____

____

Wer wärst du ohne diesen Glaubenssatz? Was wäre möglich, und was würdest du in deinem Leben beispielsweise anders machen? Notiere dir alle Gedanken dazu:

____

____

____

____

____

____

____

Nun kommen wir zum zweiten Teil dieser Übung. Es geht dabei um die Umkehrung deiner Aussage. Diese Umkehrung ist eine Möglichkeit, das Gegenteil von dem zu erfahren, was du bisher für wahr hältst. Es sind ebenfalls vier Schritte.

Drehe den Satz von oben um. Zum Beispiel von *Ich bin nicht gut genug* in *Ich bin gut genug.*

Mein umgedrehter Glaubenssatz:

Ich … ____________________________________

____

____

Sprich ihn nun laut aus! Wie fühlt sich das an?

Finde nun drei konkrete und echte Belege dafür, dass diese umgedrehte Aussage stimmt. Zum Beispiel, weil es Freunde, Kollegen oder die Eltern einmal gesagt haben oder du eigentlich selbst keine Zweifel hast.

Beleg 1:

Beleg 2:

Beleg 3:

Die Übung ist recht schnell durchgeführt, bedarf jedoch deiner vollen Präsenz und Ehrlichkeit. Manche Menschen profitieren sehr von ihr, für andere ist sie zu amerikanisch angehaucht. Wie erging es dir mit »The Work«? Verändert sich durch diese Übung etwas in dir und deiner Selbstliebe und Selbstannahme?

REFLEXION

Wie ging es mir in Woche 7?

Fülle zum Abschluss dieser Woche aus, wie die letzten 7 Tage für dich waren.

1. Wie ich die letzte Woche in einem Satz beschreibe …

2. Das Beste, was ich diese Woche gemacht habe …

3. Mein Bedürfnis, meinen Ex-Partner in der letzten Woche zurückzugewinnen, war ...
☐ sehr groß ☐ groß ☐ etwas ☐ gering ☐ nicht vorhanden

4. Was ich im Rückblick auf diese Woche meinem Ex-Partner alles sagen würde …

5. Warum es sich gelohnt hat, in der letzten Woche zu leben …

6. Was ich mir für die nächste Woche vornehme …

Woche 8: Die Schuldzuweisungen und Selbstvorwürfe loslassen

Nach der Trennung erleben wir alle zwei Dinge: Schuldzuweisungen an unseren Ex-Partner sowie Selbstvorwürfe an uns. Wir werfen ihm oder uns selbst vor, bestimmte Dinge nicht gut gemacht, schlecht kommuniziert oder sich nicht korrekt verhalten zu haben. Diese Vorwürfe sind oft sehr mächtig und können uns und unser Leben massiv beeinflussen. In dieser Woche zeige ich dir, wie du damit einen guten Umgang findest: Es geht nicht um das Wegschieben und Unterdrücken, sondern um das Integrieren und Loslassen dieser Gedanken und Gefühle rund um Schuld. Denn das ist ein weiterer Schlüssel bei der Trennungsverarbeitung: uns mit unseren Licht- und Schattenseiten annehmen zu lernen. Und zudem unserem Ex-Partner verzeihen zu können. Du profitierst vom Lesen der Inhalte in dieser Woche vor allem, wenn du den ersten Trennungsschock überwunden hast und wieder etwas gefestigter im Leben stehst.

Es geht in diesem Kapitel um diese beiden Themen:

- Raus aus der Opferrolle: Zurück zu dir
- Raus aus den Selbstvorwürfen: Hin zum Verzeihen

Raus aus der Opferrolle: Zurück zu dir

Wenn wir verlassen wurden, landen wir häufig und recht automatisch in einer Opferrolle: *Ich armer Tropf wurde verlassen* oder *Das Leben meint es nicht gut mit mir!* Das sind alles nachvollziehbare Gedanken. In der ersten Zeit nach der Trennung ist es okay, sich in diesem Zustand zu befinden und etwas zu leiden. Blöd ist es nur, wenn wir ewig in diesem Leidmodus verharren. Zumindest blöd für uns, denn unser Ex-Partner hat wahrscheinlich kein Problem damit, falls er überhaupt von unserer Opferrolle weiß.

Die Opferrolle verstehen

Wenn wir selbst in der Opferrolle stecken, kann es schwierig sein, sie zu durchschauen. Zudem wird jedem Versuch von außen, der einem das spiegelt, meist mit Widerstand begegnet. Manche Menschen verharren bereits einen Großteil ihres Lebens in der Opferrolle. Man erkennt sie häufig an einem wehleidigen Ausdruck: *Andere Menschen oder die Umstände sind verantwortlich dafür, dass es mir nicht gut geht.*

Dieser Glaube ist tief verwurzelt. Ihnen fällt es schwer zu erkennen, dass sie selbst zu ihrer Lebenssituation beitragen. Meist liegt die Ursache einer rigiden Opferhaltung in der eigenen Lebensgeschichte, sodass diese Menschen es häufig nicht anders kennen. Diese Haltung war früher einmal wichtig und richtig, doch ist sie das heute noch? Lass uns auf den Gewinn und Preis dieser Schuldzuweisungen blicken.

»Geh nicht umher und sage:
Die Welt schuldet mir etwas.
Die Welt schuldet dir nichts.
Sie war als Erstes da.«

MARK TWAIN

Der Gewinn der Verantwortungsabgabe

Was haben wir davon, wenn wir die Verantwortung an andere abgeben? Man hat einen Verantwortlichen für das eigene Leben. Es liegt somit an anderen Menschen oder Situationen, wie es einem geht. Man kann und muss demnach nichts machen, außer auf Veränderung im Außen zu warten und sich zu beschweren. Man muss sich und sein Verhalten nicht hinterfragen und kann es sich in der Opferposition »gemütlich« einrichten. Wenn Menschen sich als Opfer sehen, dann besitzen sie eine große Macht.

Die Opferhaltung kann eine Form der Abwertung oder Aggression gegenüber jemand anderem sein, da man diesen Menschen damit kontrollieren oder bestrafen kann. Zusätzlich schont diese Haltung unseren Selbstwert. Wenn der Ex-Partner allein verantwortlich ist, sind wir fein raus. Indem wir ihn kritisieren, können wir uns selbst erhöhen und besser fühlen. Wenn wir mit dieser inneren unbewussten Haltung bereits lange durch das Leben gehen, ist sie wie eine emotionale Heimat. Sie ist vertraut, gibt Sicherheit und Schutz.

»Man wird nicht dadurch besser, dass man andere schlecht macht.«

HEINRICH NORDHOFF

Der Preis der Verantwortungsabgabe

Wenn wir anderen die Verantwortung geben, warten wir möglicherweise ein Leben lang darauf, dass endlich jemand kommt, der dafür sorgt, dass es uns besser geht. In unserem Fall der Ex-Partner. Doch diese Hoffnung ist meist vergebens. Unser persönliches Wachstum wird dadurch verhindert, ebenso wie das emotionale Loslassen von unserem Ex-Partner. Häufig zahlen auch die Menschen um uns herum einen Preis, indem sie beispielsweise beschuldigt werden oder ihnen ein schlechtes Gewissen gemacht wird. Wir selbst können entscheiden, wie lange wir uns in dieser Rolle befinden möchten.

ÜBUNG

Mindfulness für zwischendurch

Nimm zwei Hände voll mit Reiskörnern, und lege sie links neben dir auf den Tisch. Beginne nun, die Reiskörner zu zählen, jedes einzelne. Wenn du dich fragst, was der Sinn dieser Übung ist, eine Antwort findest du hier:

wielandstolzenburg.de/liebeskummer-buch

Auch wenn es sich so anfühlt, als ob der Ex-Partner verantwortlich dafür ist, wie es uns geht: Das ist nicht so. Er hat ursächlich etwas in Veränderung gebracht, was uns nicht gefällt und was wir gern anders hätten. Er hat sich vielleicht auch unmöglich verhalten. Wie wir damit jedoch umgehen und darauf reagieren, liegt ganz bei uns. Diese Erkenntnis kann hart sein und erst mal inneren Widerstand hervorrufen. Wie fühlt es sich für dich an, diese Gedanken zu lesen? Welchen Preis zahlen wir zusätzlich zu den oben genannten Aspekten, wenn wir nach der zweiten Trennungsphase nicht langsam und in unserem Tempo zur Selbstverantwortung kommen?

- Die Opferrolle und starre Schuldzuweisungen hindern uns an der wichtigen Trauerarbeit und verhindern die emotionale Trennung auf dieser Ebene.
- Die Opferrolle hält uns in einer passiven, schwachen und abhängigen Rolle gefangen, und wir bleiben im Leiden und in der Vergangenheit hängen. Als Konsequenz bleibt der Blick auf eine bessere Zukunft wolkenverhangen.
- Mit der Opferhaltung bestrafen wir uns selbst. Auch wenn wir denken *Wegen dir geht es mir so dreckig, ich hoffe, du weißt das!* sind wir es ja selbst, die im Schmerz bleiben, und nicht unser Ex-Partner.
- Die Opferhaltung macht nichts ungeschehen und auch nichts besser.

Ein wichtiger Punkt dabei: Es geht nicht darum, die Umstände der Trennung nicht zu betrauern und zu bedauern. Das ist wichtig! Dafür sollten wir uns genü-

gend Zeit nehmen. Doch irgendwann ist es an der Zeit, aus der Abhängigkeit in die eigene Kraft und Verantwortung zu kommen.
Nachdem du nun einige Folgen der Verantwortungsabgabe kennst, wie attraktiv ist dieser Zustand für dich? Damit wir nicht im Selbstmitleid und der Opferrolle gefangen bleiben, benötigen wir andere Blickwinkel.

»Der Weg zum Ziel beginnt an dem Tag, an dem du die hundertprozentige Verantwortung für dein Tun übernimmst.«

DANTE ALIGHIERI

Selbstverantwortung für das Beziehungsende

Wir müssen in die Verantwortung kommen für das, was passiert ist. Nicht für den *Akt* der Trennung, jedoch für unseren Anteil an der Entwicklung der Partnerschaft. Dieser liegt meist zu fünfzig Prozent bei uns. Erst wenn wir Verantwortung übernehmen, können wir aus der Opferrolle gelangen und selbst wieder aktiv und selbstbestimmt unser Leben angehen.

AUFGABE

Deine Verantwortung am Scheitern

Wie nimmst du dich zurzeit wahr? Wie viel Prozent der Verantwortung am Scheitern der Beziehung übernimmst du? Mache ein Kreuz auf der Linie.

|—|—|—|—|—|—|—|—|

0 % der Verantwortung — 100 % der Verantwortung

Wenn du es in etwa in der Mitte gemacht hast, brauchst du die folgende Schreibübung nicht durchzuführen. Wenn du es eher links oder rechts gemacht hast, ist das nicht weiter schlimm. Es bedeutet nur, dass du dich mit diesem Thema weiter befassen solltest – zum Beispiel mithilfe dieser Übung.

Falls du das Kreuz links von der Mitte gemacht hast, also den Großteil am Scheitern bei deinem Partner siehst, nimm dir Zeit für das folgende Gedankenexperiment: *Wenn du der Verteidiger deines Ex-Partners in einem Gerichtsprozess wärst, welche Aspekte würden dafür sprechen, dass dein Ex-Partner nicht den Großteil der Verantwortung trägt?*

Falls du dein Kreuz rechts von der Mitte gemacht hast, also den Großteil am Scheitern der Beziehung bei dir selbst siehst, nimm dir Zeit für das folgende Gedankenexperiment: *Wenn ein Verteidiger dich vor Gericht verteidigen würde und möglichst viele Gründe finden müsste, dass dein Ex-Partner ebenfalls Verantwortung trägt, was wären diese?*

Schreibe im Folgenden deine Gedanken auf:

____

____

____

____

____

____

____

____

____

Selbstverantwortung für deinen Gefühlszustand

Wenn wir darüber hinaus aufhören, die gesamte Verantwortung unserer aktuellen Gefühlslage unserem Ex-Partner zuzuschieben, verändert sich unglaublich viel. Ja, er hat sich getrennt und sich vielleicht nicht jederzeit vorbildlich verhalten. Doch wie es uns damit geht, wie wir darauf reagieren, liegt mehr an uns als an ihm. Es sind unsere Gefühle, die schmerzen. Es ist unsere Lebensgeschichte, die sich auftut. Es sind unsere nicht geheilten Wunden, die nun schmerzen. Es ist unser Ohnmachtsspeicher, der sich meldet. Das alles gehört zu uns, nicht zu unserem Ex-Partner.

Warum hat es viel mehr mit uns, unserer Vergangenheit und allen Erfahrungen, welche wir in unserem Leben bereits gemacht haben, zu tun? In der Psychologie spricht man davon, dass eine Trennung den Ohnmachtsspeicher aktiviert. Das heißt, dass alle negativen Lebenserfahrungen und die größten Ängste gleichzeitig aktiviert und abgerufen werden. Was bedeutet das konkret?

- **Negative Erfahrungen:** Das sind alle Erfahrungen, die schmerzhaft für uns waren, ob wir uns bewusst daran erinnern oder nicht. Beispielsweise kann es ein Schockmoment sein, den unsere Mutter erlebte, als wir noch in ihrem Bauch waren. Es können frühkindliche Trennungserfahrungen von den Eltern sein, wenn diese nicht verfügbar waren, oder andere Enttäuschungen, Trennungen oder Verluste, wie der Tod der Oma, als wir selbst noch jung waren, der Trennungsschock nach unserer ersten großen Liebe, der Arbeitsplatzverlust …

- **Glaubenssätze:** Innere Überzeugungen aus unserer Kindheit spielen dabei ebenfalls eine Rolle. Sie bilden sich vor allem bis zum siebten Lebensjahr. In dieser Zeit kann unser Gehirn alles, was es wahrnimmt, sieht oder hört, nicht richtig filtern, und wir nehmen all das ungefiltert in uns auf. Somit werden Aussagen, welche wir hören, Handlungen, welche wir erleben, oder Stimmungen, welche wir spüren, zu unserer eigenen ungefilterten und unreflektierten Wahrheit.

Wir glauben demnach das, was wir erleben oder hören: *Du bist faul*; *du bist nicht viel wert*; *du bist erst wertvoll, wenn du das und das machst*; oder auch *Mädchen können das nicht* oder *Jungs müssen stark sein*. Neben negativen Glaubenssätzen gibt es ebenfalls positive, wie *Ich hab dich lieb, egal, wie gut es dir gelingt* oder *So, wie du bist, mag ich dich.*

Jeder Mensch hat demnach eine Vielzahl an positiven und negativen Glaubenssätzen über sich selbst, über Partnerschaften und alles in der Welt – ob unbewusst oder bewusst. Die prägendsten negativen Glaubenssätze werden im Trennungsschmerz besonders aktiviert und melden sich direkt und häufig: *Ich bin nicht liebenswert* oder *Ich kann nicht mal eine Beziehung führen*. Obwohl diese nichts mit unserem Ex-Partner zu tun haben, erschweren sie unseren Trennungsprozess zusätzlich.

Der Ohnmachtsspeicher und die einverleibten Glaubenssätze können uns sehr stark beeinflussen. Das hängt laut meiner Erfahrung nach vor allem an Folgendem: Der Schmerz und Einfluss des Ohnmachtsspeichers ist umso geringer, desto besser wir all diese Wunden verarbeitet haben. Neben den beiden Aspekten spielt der Umgang mit Gefühlen eine zentrale Rolle für unser Erleben und Verhalten nach einer Trennung. Es geht darum, wie wir erlernt haben, mit unseren Gefühlen umzugehen, und wie wir diese im Lauf unseres Lebens bisher ausgedrückt beziehungsweise unterdrückt haben.

Das bedeutet, dass unser Schmerz von heute sich mit den unverarbeiteten Schmerzen von früher zusammentut. Für die alten Schmerzen kann dein Partner nichts. Für den Trennungsschmerz hat er, wie gesagt, ursächlich etwas gemacht. Doch auch der aktuelle Schmerz ist DEIN Schmerz.

AUFGABE

Deine Verantwortung an deinen Gefühlen

Wie viel Prozent der Verantwortung an deinem aktuellen Gefühlszustand übernimmst du? Mache dazu wieder ein Kreuz auf der Linie.

0 % der Verantwortung — 100 % der Verantwortung

Bei dieser Frage geht es vor allem darum, dass du dir bewusst wirst, wie es bei dir ist: Bist du zufrieden mit deinem aktuellen Zustand deiner Verantwortung für deine Gefühlswelt? Wenn es nicht so ist, weißt du, was du machen kannst?

Selbstverantwortung für deine Lebenszufriedenheit

Manchmal gibt es andere Lebensbereiche, in welchen wir bereits vor der Trennung unglücklich waren, wie zum Beispiel im Job. Jetzt ist es leicht, den gesammelten Frust und die aufgestauten Gefühle an unseren Ex-Partner zu richten. Denn damit haben wir einen Verantwortlichen – und vermeintlich eine Erklärung für unseren unangenehmen Zustand – uns selbst oder anderen Menschen gegenüber. Diese Verschiebung geschieht meist unbewusst. Damit schützen wir uns davor anzuerkennen, dass wir selbst zu unserer unbefriedigenden Lebenssituation beigetragen haben, schon weit vor der Trennung.

FRAGE

Deine Lebenszufriedenheit

Wie ist es bei dir? Wie viel Prozent deines aktuellen Gefühlszustandes liegt in deinen Augen an der Trennung?

0 % an der Trennung — 100 % an der Trennung

Auch hier geht es vor allem darum, dass du dir das bewusst machst. Und falls andere Lebensbereiche auch einen Beitrag zu deiner Unzufriedenheit leisten, ist es gut, das zu wissen.

Sich diese mögliche Differenzierung ins Bewusstsein zu rufen, kann etwas in dir verändern. Du kannst in die Selbstverantwortung kommen und noch ein weiteres Stück aus der Opferrolle hinaustreten.

Auch wenn diese drei Aspekte der Selbstverantwortung herausfordernd sind, es ist der einzig sinnvolle Weg. Es geht darum, im positiven Sinne Verantwortung zurückzugewinnen, um unseren Ex-Partner loslassen und ihm und uns selbst verzeihen zu können. Für all das, was wir nicht gut finden und fanden. Das bringt dich zurück zur inneren und äußeren Freiheit und Zufriedenheit.

»Wenn du dich weigerst, die Verantwortung für deine Niederlagen zu übernehmen, wirst du auch nicht für deine Siege verantwortlich sein.«

ANTOINE DE SAINT-EXUPÉRY

Der Unterschied zwischen Leiden und Fühlen

Während wir die Trennungsphasen durchlaufen, sind wir mal mehr im Fühlen, mal mehr im Leiden. Den Unterschied wahrzunehmen kann dir helfen, deinen aktuellen Zustand zu erkennen und zu verändern.

Fühlen ...

- findet in der Gegenwart statt. Wir können nicht gestern oder morgen fühlen, sondern ausschließlich im Jetzt.
- hat stets eine körperliche Komponente.
- beginnt mit einem Gefühl, wir bleiben in diesem und lassen es wie durch uns hindurchfließen.
- bringt uns im Heilungsprozess wesentlich weiter.
- bedeutet, dass wir etwas loslassen, es erleichtert uns.

Leiden ...

- hat einen Vergangenheits- oder Zukunftsbezug, da es aufgrund einer Bewertung entsteht.
- findet im Verstand statt.
- beginnt häufig mit einem Gefühl, welchem wir dann aber ausweichen, indem wir in den Verstand wechseln.
- bringt uns im Heilungsprozess nicht weiter, und wir bleiben im Drama.
- strengt uns an und erschöpft uns.

In welchem Zustand du dich befindest, erkennst du am besten daran: Je mehr dein Verstand aktiv ist, und je weniger sich verändert, desto wahrscheinlicher wirst du im Leiden feststecken. Wenn du die Tränen zulässt, die Wut rausschreist oder auf den Boden stampfst, bist du mit hoher Wahrscheinlichkeit im Gefühl. Du wirst dich danach besser fühlen – ob kurz- oder langfristig.
Wie ist es bei dir? Leidest du mehr, oder fühlst du eher? Wenn du merkst, dass du im Zustand des Leidens feststeckst, beziehe deine Gefühle und deinen Körper mit ein.

Raus aus den Selbstvorwürfen: Hin zum Verzeihen

Nach einer Trennung müssen wir nicht nur mit dem Verlust kämpfen, sondern meist auch mit einem gnadenlosen Kritiker: uns selbst. Diese innere Stimme kann uns das Leben manchmal zur Hölle machen. Wir begegnen uns selbst mit Ablehnung und Abwertung. Wir wären gern anders, hätten uns gern anders verhalten, denken an unsere Fehler und Schwächen. Zudem sind wir häufig wütend auf uns, weil wir vermeintlich mit unserem Verhalten den Partner vertrieben haben, etwas falsch gemacht oder übersehen haben. Wir sind auch wütend auf uns, weil uns die Trennung derart verletzen konnte und wir aktuell nur über unzureichende Bewältigungsstrategien verfügen und gern bessere hätten. Wir sind demnach wütend auf uns, weil wir zulassen, dass unser Partner uns dermaßen treffen konnte und dass er eine solche Macht über unser Befinden hat.

Jeder unserer Kritiker hat ein anderes Spezialgebiet. Das machen wir in einer Situation, in welcher wir ohnehin einen beschädigten Selbstwert haben und meist wie hilflose Kinder sind. Wenn wir nicht psychisch, sondern körperlich verletzt worden wären, würden wir dann das Gleiche machen? Würden wir beispielsweise eine vorhandene Schnittwunde mit einem Messer noch weiter vertiefen? Sicher nicht!

Was wir in dieser Zeit bräuchten, ist Liebe und Annahme, Rücksicht und Mitgefühl. Doch das können wir uns selbst nur schwer geben, sondern hätten das lieber von unserem Ex-Partner. Wie wir mit diesen selbstzerstörerischen Gedanken umgehen können, damit beschäftigen wir uns in diesem Abschnitt.

Du bist geboren, um du zu sein, nicht um perfekt zu sein.

Auf den ersten Blick erscheint es vielleicht widersprüchlich, dass wir – wie im vorherigen Abschnitt beschrieben – nach einer Trennung Vorwürfe an unseren Ex-Partner richten und in einer Opferrolle stecken sowie gleichzeitig uns selbst etwas vorwerfen. Doch dieses Wechselbad zwischen Fremd- und Selbstvorwürfen ist durchaus üblich.

Der Umgang mit der Schuld

Wir fühlen uns schuldig. Wir haben versagt oder etwas falsch gemacht. Es fühlt sich ein wenig so an, als ob wir uns selbst missbraucht hätten. Das zeigt sich bei jedem Menschen unterschiedlich, auch in der Intensität. Am liebsten würden wir alles rückgängig machen. Leider lässt sich die Schuld nicht wie ein Schalter an- oder abschalten. Mit diesem flauen Gefühl im Magen wachen wir morgens auf und schlafen damit abends auch wieder ein.

Dabei gilt es, eine Unterscheidung zu machen: Bei einer *realen Schuld* kann ich etwas machen, ich kann den Schaden ersetzen, wie etwa die Tasse, welche ich fallen gelassen habe. Bei *Schuldgefühlen* sieht es schon anders aus, denn ich habe andere nicht beschädigt. Es sind meist falsch verstandene Verantwortlichkeiten, und wir fühlen uns für etwas verantwortlich, was nicht sein müsste. Häufig sind wir dabei die einzigen Menschen, die uns etwas ankreiden, wofür wir uns schuldig fühlen.

Solange Schuld vorhanden ist, wir uns selbst Dinge vorwerfen und uns diese nicht verzeihen können, kann keine wahre Heilung geschehen. Damit du nicht darin stecken bleibst, habe ich die Aspekte zusammengetragen, welche sich in meiner Praxis bewährt haben. Wie kann es uns demnach gelingen, mit diesen Gefühlen der Schuld zu leben?

Wenn du dein Schuldgefühl verwandeln möchtest, kommst du nicht darum herum, in den Spiegel zu blicken – ehrlich und direkt. Es geht um die Erkenntnis und das Eingeständnis, dass wir manche Dinge ignorierten und verdrängten und wir wie jeder Mensch Fehler und Schwächen haben. Das gilt es anzusehen und anzunehmen.

Es geht darum, den Anteil von uns, für welchen wir uns schuldig fühlen, in unser Selbstbild zu integrieren. Das kostet zwar Energie und Zeit, doch es lohnt sich. Solange du ausschließlich die Sonnenseiten zu dir nimmst und alles andere ablehnst und wegschiebst, besteht viel Raum für Schuld. Schuldgefühle gehen nicht weg, vielmehr verwandeln sie sich, wenn wir sie annehmen. Was du dafür konkret machen kannst:

AUFGABE

Dein Mitgefühl dir gegenüber

Schreibe die drei Dinge auf, die du am liebsten anders gemacht hättest in Bezug auf eure Beziehung und Trennung. Beispielsweise dass du fremdgegangen bist und sich dein Partner daraufhin getrennt hat, oder dass du auch mal fies, unehrlich oder verletzend warst.

1. ______________________________

____

____

2. ______________________________

____

____

3. ______________________________

____

____

Das fühlt sich wohl nicht so gut an, oder? Doch genau das müssen wir fühlen und uns nicht davor verstecken. Wir müssen zu uns selbst sagen: *Ja, das bin ich auch, das gehört auch zu mir!* Gelingt es dir, das zu deinen drei Aspekten zu sagen? Am besten nimmst du dir einige Minuten Zeit, legst dich hin, schließt die Augen und legst eine Hand auf dein Herz, die andere auf deinen Bauch und spürst einfach, wie es sich anfühlt, an diese Aspekte zu denken.

»Entschuldige dich nie dafür, du selbst zu sein.«

PAULO COELHO

Einige Sätze, mit denen ich mit meinen Klienten gearbeitet habe, möchte ich dir an dieser Stelle mitgeben. Diese kannst du dir selbst sagen, gern auch in abgewandelter Form:

- *Ich habe mich damals so verhalten, weil ich es in dem Moment so gebraucht oder gefühlt habe. Dazu stehe ich heute.*
- *Wenn ich es damals bereits anders gekonnt hätte, hätte ich es auch anders gemacht. Das war damals die beste Version von mir. Ich konnte mich damals nur so verhalten, mir standen keinen anderen Mittel zur Verfügung. Heute würde ich es möglicherweise anders machen.*
- *Ich habe nicht versagt, ich habe etwas gelernt. Denn ich habe mein Bestes gegeben, auch wenn nicht alles geklappt hat. In Zukunft weiß ich es besser.*
- *Es gab Gründe, warum ich mich so verhalten habe. Wahrscheinlich kenne ich sie selbst nicht alle, doch das bedeutet nicht, dass es sie nicht gibt.*

Diese innere Haltung hilft uns, wenn wir sie Stück für Stück einnehmen. Anstatt uns mit dem inneren Kritiker selbst niederzumachen, benötigen wir diese liebevolle Haltung uns gegenüber, um frei zu werden. Uns selbst zu vergeben und ein volles *Ja* zu allen unseren Seiten zu sagen, verändert unser Leben. Dann kämpfen wir nicht mehr gegen uns, sondern kümmern uns um das, was in dem Moment wichtig für uns ist. Wir hängen nicht mehr in der Vergangenheit. Mein Lieblingszitat dazu kommt von Jack Kornfield:

Vergeben heißt, die Hoffnung auf eine bessere Vergangenheit endgültig aufzugeben.

Mitgefühl und Selbstfürsorge

Wie beschrieben sind wir in der Trennungszeit meist nicht sehr liebevoll mit uns selbst. Daher ist es so wichtig, dass du dich um dich kümmerst. Sei achtsam zu deinem Körper, iss gesund, bewege dich, gönne dir Auszeiten, ziehe Sachen an, in denen du dich wohlfühlst. Diese Selbstfürsorge zeigt deinem Unterbewusstsein, dass du dich achtest und dir selbst etwas wert bist. Dabei gefällt mir das Motto:

Lass deinen Ex-Partner gehen
und nicht dich selbst.

Doch nicht nur äußere Dinge können dir helfen. Auch die innere Haltung dir gegenüber kann dir das Leben erschweren oder erleichtern.

AUFGABE

Dein Mitgefühl dir gegenüber

Nimm dir für diese Aufgabe genügend Zeit: Wie würdest du einem Kind begegnen, welches einen schweren Schicksalsschlag erlitten hat und traurig oder hilflos ist? Was würdest du ihm sagen, wie würdest du ihm Hoffnung machen?

Schreibe an dieses kleine Kind einen Trostbrief.

Wie ging es dir beim Schreiben? Wenn du in nächster Zeit merkst, dass du dich kritisierst oder nicht magst, erinnere dich an deine eigenen Worte. Versuche dann, diese innere Haltung aus dem Brief DIR gegenüber einzunehmen. Liebevoll, verständnisvoll, offen und wohlwollend.

REFLEXION

Wie ging es mir in Woche 8?

Fülle zum Abschluss dieser Woche aus, wie die letzten 7 Tage für dich waren.

1. Wie ich die letzte Woche in einem Satz beschreibe …

2. Das Beste, was ich diese Woche gemacht habe …

3. Mein Bedürfnis, meinen Ex-Partner in der letzten Woche zurückzugewinnen, war ...
   ☐ sehr groß ☐ groß ☐ etwas ☐ gering ☐ nicht vorhanden

4. Was ich im Rückblick auf diese Woche meinem Ex-Partner alles sagen würde …

5. Warum es sich gelohnt hat, in der letzten Woche zu leben …

6. Was ich mir für die nächste Woche vornehme …

Woche 9: Hilfreiches und Praktisches für den Alltag

Neben einem guten Umgang mit unseren Gedanken und Gefühlen können wir viele weitere Dinge tun, um wieder zu uns, zur inneren Ruhe und Zufriedenheit zu finden. Diese kleinen alltäglichen Dinge können Freude bereiten und uns Energie schenken. Sie können jedoch auch mühsam sein, denn manchmal fühlen wir uns nach einer Trennung dermaßen energielos, dass wir am liebsten nur auf dem Sofa liegen bleiben würden. Letztendlich kannst du nur selbst herausfinden, was dir guttut.

Das ist in dieser Woche deine Aufgabe: dich besser kennenzulernen und anschließend selbstverantwortlich zu entscheiden, was du machen möchtest. Ich möchte dich in diesem Kapitel nicht zu irgendetwas überreden, sondern Möglichkeiten, Ideen und Hintergründe aufzeigen. Wir blicken in diesem Abschnitt auf folgende Themen:

- Wohlbefinden durch Sport, Essen und Schlaf
- Freude durch Achtsamkeit und Meditation
- Energie durch Ziele und Neues
- Unterstützung und Halt durch Freunde
- Begleitung durch Coaches oder Therapeuten

Wohlbefinden durch Sport, Essen und Schlaf

Wir sind die Bewohner unseres Körpers, er beherbergt uns, und wir tragen die Verantwortung für ihn. Der Körper meldet uns besonders während der Trennungszeit häufig, dass wir mit den Umständen zu kämpfen haben: Wir haben beispielsweise keinen Hunger, leiden unter Durchfall oder können nicht oder schlecht schlafen. Auch unser Herz, Magen oder Hals reagieren oft deutlich. Unsere Sprache verdeutlicht das ebenfalls, zum Beispiel mit Sprichwörter wie *Einen Kloß im Hals haben* oder *Das fühlt sich an wie ein Stich ins Herz.*

»Krisen sind Angebote des Lebens, sich zu wandeln.
Man braucht noch gar nicht zu wissen,
was neu werden soll.
Man muss nur bereit und zuversichtlich sein.«

LUISE RINSER

Für eine Heilung unserer seelischen Schmerzen ist es wichtig, dass wir uns um unseren Körper kümmern und ihn nicht unnötig zusätzlich belasten. Jeder Körper ist individuell, deswegen sind nicht alle Vorschläge hier für jeden geeignet. Dennoch versuche ich, dir im Folgenden einige Impulse für einen guten und zielführenden Umgang mit deinem Körper mitzugeben.

Sport und Bewegung

Wenn wir Sport treiben, erhöht sich die Menge von Serotonin und anderen Botenstoffen wie Dopamin, Adrenalin und Noradrenalin. Diese sind unter anderem für Antrieb, Aufmerksamkeit und Konzentration, Schmerzempfinden, Schlaf- und Wachrhythmus sowie den Gemütszustand und das Glücksempfinden verantwortlich. Das Zusammenspiel der Botenstoffe führt dazu, dass wir kleine oder große Stimmungshochs erleben. Zudem wirkt Sport antidepressiv und angstlösend. Kennst du diese förderliche Wirkung von Sport auch aus deinem Leben?

Für sportliche Betätigungen eignet sich die Natur allein aufgrund der höheren Sauerstoffkonzentration in der Luft besser als dein Zuhause oder das Fitnessstudio. Verschiedene Studien weisen darauf hin, dass durch die frische Luft und den erhöhten Sauerstoffgehalt mehr Serotonin, eines der Glückshormone, ausgeschüttet wird. Das heißt: viel an die frische Luft gehen und die sportlichen Aktivitäten möglichst nach draußen verlagern.

AUFGABE

Deine Herausforderung

Setze dir herausfordernde Ziele, die dich jedoch nicht überfordern. Beispielsweise jeden Tag 10 Minuten körperliche Betätigung zu Hause und mindestens einmal pro Woche einen Sportabend. Plane diesen Termin in deinem Kalender ein. Ein fester Termin bewährt sich mehr als ein undefinierter Zeitraum. Mit dieser täglichen und wöchentlichen Aufgabe schlägst du zwei Fliegen mit einer Klappe: Du bewegst dich, und gleichzeitig hast du ein Ziel und eine Motivation, welche dir täglich ein kleines Erfolgserlebnis verschafft.

Was möchtest du dir jeden Tag vornehmen?

____

____

____

Was möchtest du dir einmal in der Woche vornehmen?

____

____

____

Wenn du keine Idee hast, was das Passende für dich ist, probiere dich aus. Finde für dich heraus, welche Sportart, Uhrzeit und Dauer die besten für dich sind. In meinen Augen gibt es nicht die richtige oder falsche Sportart. Der eine benötigt eine 1:1-Herausforderung (Tischtennis oder Squash), der andere bevorzugt die Kombination aus Bewegung und Ruhe (Yoga oder Qigong), für manche ist Action (Kampfsportarten oder Snowboard) wichtig oder sportliche Betätigung in einer Gruppe (Fußball oder Volleyball).

Den inneren Schweinehund überwinden

Häufig hängen wir mit schlechtem Gewissen auf der Couch und erlauben uns diesen Zustand nicht. In der Konsequenz bewerten wir uns negativ, und es geht uns noch schlechter als vorher. Dagegen kann eine Abmachung mit dir selbst helfen: Jetzt treibe ich 30 Minuten Sport, und danach darf ich ohne schlechtes Gewissen gemütlich auf dem Sofa liegen.

Essen und Trinken

Neben ausreichender Bewegung spielt die Ernährung eine wichtige Rolle. Im größten Liebeskummer haben wir häufig keinen Appetit und bekommen nicht mal einen kleinen Bissen herunter. Andere wiederum ertränken ihren Kummer in Limonade, futtern Schokolade und Chips. Beide Reaktionen sind verständlich und in derartigen Situationen häufig der Fall. Wenn das nur einige Tage so ist, wird unser Körper damit zurechtkommen. Nicht jedoch auf Dauer.

Auch wenn es kaum gelingt, dein Körper braucht Energie! Es ist oft einfacher, häufiger kleine Portionen zu essen als eine große Mahlzeit. Auf dem Weg, die Trennung zu verarbeiten, wird dir eine gesunde Ernährung helfen. Vielleicht machst du es dir zur Aufgabe, dich jetzt besonders gut um deinen Körper zu kümmern und Gesundes zu essen. Dann kombinierst du eine Herausforderung mit einem Ziel.

Aus einem gesunden Magen-Darm-Trakt werden übrigens wichtige Hormone wie zum Beispiel das Beruhigungs- und Glückshormon Serotonin freigesetzt. Somit kannst du über die Wahl einer gesunden Ernährung direkt Einfluss auf deine Stimmungslage und deine Anspannung nehmen. Hingegen bedeuten ungesunde Lebensmittel Stress für unseren gesamten Organismus – mit direkten Folgen für unseren emotionalen Zustand.

Häufig sprechen uns in der Trennungszeit die eher ungesunden Lebensmittel wie Süßigkeiten, Cola oder Pizza an. Der darin enthaltene Zucker kann kurzfristig wie eine Droge zu angenehmen Gefühlen führen, die unsere traurigen Gefühle kompensieren. Daher greifen wir in Zeiten von Stimmungstiefs vermehrt zu gezuckerten Lebensmitteln. Langfristig führt dies jedoch zum Gegenteil von dem, was wir uns eigentlich wünschen: Wir werden trübseliger und schlechter gelaunt, und unter bestimmten Voraussetzungen können sich bei zu viel Zuckerkonsum Depressionen entwickeln. Anika Knüppel vom Institute of Epidemiology and Public Health am University College London hat dazu eine Studie durchgeführt. Sie fand heraus, dass das Risiko, an Depressionen und Angstzuständen zu erkranken, durch einen zu hohen Zuckerkonsum erhöht ist.

Gesund sind in der Regel:

- Viel unterschiedliches Gemüse in allen Farben.
- Obstsorten, die arm an Fruchtzucker und reich an Antioxidantien sind, zum Beispiel Waldbeeren.
- Biologische Nahrungsmittel.
- Viel stilles Wasser, da Kohlensäure den Körper übersäuert.
- Keine stark verarbeiteten Produkte mit geringer Nährstoffdichte und dafür etlichen Zusatzstoffen, wie in Fertigprodukten oder Fast Food.
- Weniger Kohlenhydrate als meist üblich.
- Wenig tierische Produkte.
- Wenig Zucker und wenig Alkohol.

AUFGABE

Deine Lebensmittel

Es braucht Zeit und Bewusstsein, um zu erkennen, welche Lebensmittel uns guttun und Energie schenken und welche uns eher müde, traurig oder schwer machen. Weißt du, was das bei dir ist? Wenn du dir nicht sicher bist, schreibe auf, was dir spontan in den Kopf kommt.

Lebensmittel, die mir wirklich guttun:

Lebensmittel, die mir nicht guttun:

Wie kannst du dich im Alltag selbst daran erinnern, mehr von den Lebensmitteln zu essen, die dir guttun? Kleine Zettel auf die weniger guten kleben oder keine dieser Lebensmittel auf Vorrat kaufen.

Wir wissen alle, wie wichtig eine ausgewogene und gesunde Ernährung ist. Letztendlich geht es um eine gute Balance. Das heißt einerseits, auf gesundes Essen zu achten, und andererseits, dass du deine Ausnahmen wie Currywurst mit Pommes oder dein Sahne-Karamell-Eis dann tatsächlich genießt – ohne schlechtes Gewissen. Diese Gedanken sollen dir demnach keine zusätzliche Last sein, vielmehr sollen sie dich informieren und im besten Fall inspirieren.

Schlafen

Wenn wir schlafen, ist alles gut: keine Schmerzen, keine Gedanken, keine Gefühle. Beim Aufwachen realisieren wir wieder, was passiert ist, und wollen am liebsten zurück ins Land der Träume und dem Schmerz entkommen. Doch das geht meist nicht mehr. Diesen Wunsch nach Schlaf haben wir nicht nur morgens, sondern ebenfalls abends. Viele Verlassene können nicht einschlafen, andere nicht durchschlafen, wieder andere nicht ausschlafen, und manche finden in den ersten Tagen nahezu gar keinen Schlaf. Leider können wir den Schlaf nicht erzwingen, und jede bewusste Anstrengung, ins Land der Träume zu gelangen, bewirkt genau das Gegenteil.

Schlaf ist für uns Menschen etwas Überlebenswichtiges. Wir können länger ohne Nahrung überleben als ohne Schlaf. 70 Prozent der körperlichen und 100 Prozent der psychisch-mentalen Regeneration hängen vom Schlaf ab. Die Qualität unseres Schlafes wirkt sich daher direkt auf unsere Zufriedenheit und Ausgeglichenheit am folgenden Tag aus. Bei Schlafmangel sind wir erschöpft, gereizt, haben Konzentrationsschwierigkeiten und ein eingeschränktes Urteilsvermögen. Zudem wirkt sich zu wenig Schlaf auf unser Immunsystem, den Hormonhaushalt oder die Regulierung unserer Körpertemperatur aus. Darüber hinaus leidet unser Gehirn darunter: Es ist schlechter durchblutet und beeinträchtigt die Neubildung von Nervenzellen. Schlafentzug wird auch als Folterinstrument eingesetzt und deshalb zurecht als Menschenrechtsverletzung eingestuft.

Du siehst, eine ausreichende und gute Nachtruhe ist wichtig. Wenn du unter Schlafmangel leidest, mache dir als Erstes bewusst, dass ein Teil deiner psychisch-emotionalen Verfassung damit zu tun hat. Auch ohne die Trennungsauswirkungen wärst du sensibler und unausgeglichener. Das ist eine der Kernbotschaften, die ich dir in diesem Abschnitt mitgeben möchte.

Was kannst du konkret für eine bessere Schlafqualität tun, bevor du ins Bett gehst?

- **Informationsreize:** Verzichte zwei Stunden vor dem Schlafen auf Informationsreize, wie die Smartphone-Nutzung oder den Fernseher. Besser ist es, beispielsweise zu lesen, zu meditieren, bei Kerzenschein ruhige Musik zu hören oder einen kleinen Abendspaziergang zu machen.

- **Strom- und Strahlungsquellen:** Vermeide Stromquellen in der Nähe deines Bettes, wie einen Fernseher oder eine Ladestation. Lege zudem dein Smartphone und andere Geräte am besten vollständig ausgeschaltet in einen anderen Raum. Damit weiß auch dein Verstand, dass er nicht mal schnell mitten in der Nacht aufs Handy schauen kann. Schalte am besten auch den WLAN-Router aus. In den Einstellungen kann man definieren, dass er sich nachts automatisch abstellt.

- **Körpertemperatur:** Eine niedrige Umgebungstemperatur ist sowohl für das Ein- als auch für das Durchschlafen eine der wichtigsten Voraussetzungen. Öffne vor dem Schlafengehen daher noch einmal für 10 bis 15 Minuten das Fenster. Das sorgt gleichzeitig für mehr Sauerstoff im Schlafzimmer.

- **Bewegung:** Wenn du dich am Tag einmal richtig ausgepowert hast, ob im Sport, zu Hause oder mit dem *Crazy-Dance* von Seite 55 f., kann dir das zu einem besseren Schlaf verhelfen. Es ist hierbei wichtig, dass du dies nicht direkt vor dem Schlafen machst, sondern genügend Zeit dazwischenliegt. Denn ein hoher Cortisolspiegel verhindert ein gutes Ein- und Durchschlafen. Wenn du dich am Abend noch leicht körperlich bewegen möchtest, sind ruhigere Yogaformen oder ein kleiner Spaziergang gute Möglichkeiten.

- **Ernährung:** Es gibt Lebensmittel, welche das Ein- und Durchschlafen fördern, und welche, die es behindern. Bewährt haben sich Nahrungsmittel, die viel Magnesium, Serotonin, Melatonin oder dessen Vorstufe, das Tryptophan, enthalten. Beispiele sind Sesamsamen, Walnüsse, Natur-Reis,

Eier oder reiner Kakao. Auch bestimmte Tees haben eine schlaffördernde Wirkung, wie Kamille, Lavendelblüte, Melisse und Baldrian. Dass stimulierende Stoffe wie Koffein, Thein und Alkohol insbesondere das Einschlafen erschweren, ist dir sicherlich bekannt. Störend ist auch ein zu spätes oder zu fettiges und damit schwer verdauliches Abendessen. Du kennst es sicherlich, dass du nicht gut schläfst, wenn du dich mit vollem Magen ins Bett gelegt hast. Am besten isst du drei Stunden, bevor du dich schlafen legst, nichts mehr, auch keine kleinen Snacks. Insbesondere zuckerhaltige Lebensmittel am Abend erschweren den Schlaf und die Erholung.

AUFGABE

Die Beobachterrolle

Neben vorbereitenden Maßnahmen möchte ich dir eine Übung vorstellen, die du machen kannst, wenn du bereits im Bett liegst und nicht (wieder) einschlafen kannst. Werde zum Beobachter, und wechsle deine Rolle: Werde von dem Menschen, der nicht einschlafen kann, zum Wahrnehmenden, der jemanden beobachtet, der nicht einschlafen kann.

Lege dich dazu am besten auf den Rücken, mit einer Hand auf dem Herz und der anderen auf dem Bauch. Nimm anschließend wahr, wie sich der Bauch ein wenig hoch- und runterbewegt, oder wie sich der Atem anfühlt – ob leicht oder schwer. Spüre, wie die Luft in die Nase oder den Mund hinein- und kurz später wärmer wieder herausströmt. Verändere nichts, nimm ausschließlich wahr, was mit dem Atem beziehungsweise dem Körper passiert. Zwischendrin werden immer wieder Gedanken kommen, das ist normal. Beobachte diese ebenfalls. Vielleicht zeigen sich auch Gefühle. Wenn dem so ist, dann bleibe in der Beobachterrolle, und betrachte, was dieser Mensch – der ja du bist – gerade fühlt.

»Es kommt darauf an, den Körper mit der Seele und die Seele durch den Körper zu heilen.«

OSCAR WILDE

Freude durch Achtsamkeit und Meditation

Augenblicke des Innehaltens und der Ruhe sind unfassbar wichtig, gerade weil unser Verstand und unsere Gefühle – beziehungsweise die Gefühlsabwehr – häufig im Dauereinsatz sind. Daher ist es wichtig, immer wieder einen Gang herunterzuschalten, sich selbst wahrzunehmen, zu spüren und zu mehr und mehr innerer Ruhe zu gelangen. Das ist nicht leicht, weil unsere Gefühlswelt in Aufruhr ist – dennoch wirst du langfristig davon profitieren.

Achtsamkeitsübungen für zwischendurch

Nach meiner Erfahrung gibt es nicht den einen allgemeingültigen Weg, um zu Ruhe und Ausgeglichenheit zu kommen. Deine Aufgabe ist es herauszufinden, welche Art und Weise für dich hilfreich ist. Leicht umzusetzen sind kleine Achtsamkeitsübungen.

- **Wenn du Zähne putzt:** Schmecke und rieche die Zahnpasta. Fühle, wie die Borsten das Zahnfleisch berühren. Nimm wahr, wie sich deine Hand hin- und herbewegt …

- **Wenn du eine Rosine kaust:** Kaue sie 109 Sekunden lang. Achte dabei ganz genau auf den Geschmack und die Konsistenz und wie sich beides im Lauf der Zeit verändert.

- **Wenn du kochst:** Spüre, wie sich der Holzgriff des Messers in deiner Hand anfühlt. Nimm ganz bewusst das leichte Brennen im Auge wahr, wenn du eine Zwiebel schneidest. Höre das Brutzeln des sich erhitzenden Öls, rieche den Zwiebelgeruch beim Anbraten …

- **Wenn du unter der Dusche stehst:** Rieche das Shampoo; fühle das Wasser, das über dein Gesicht fließt oder das kälter/wärmer wird; spüre die Haut, die du einseifst …

- **Wenn du eine Kerze betrachtest:** Stelle dir einen Wecker für vier Minuten, und betrachte eine brennende Kerze: Wie bewegt sich die Flamme, welche Farben hat sie …?

Diese kurzen Augenblicke der bewussten Wahrnehmung machen Freude, wenn wir sie wirklich ganz bewusst umsetzen. Es bedarf der Übung, aber trotzdem werden die kleinen Erfolge schnell sichtbar.

Meditationen

Neben diesen Achtsamkeitsübungen ist Meditation eine gute Möglichkeit, in die Gegenwart zu kommen. Um dazu geeignete Übungen zu finden, habe ich mich mit Kathryn K. Woodward, der Autorin von *Meditation für Anfänger,* ausgetauscht. Sie empfiehlt für die Zeit nach der Trennung die folgenden Techniken, die leicht umzusetzen sind und keine Meditationserfahrung voraussetzen.

- **Atem-Meditation:** Atmen bedeutet Leben, denn es ist das Erste, was wir nach unserer Geburt machen. Unser Atmen spiegelt uns direkt unseren seelischen Zustand. Wenn wir angespannt sind, hören wir beispielsweise auf zu atmen, atmen nicht mehr richtig aus oder nur flach. Eine Atemmeditation ist daher hilfreich. Nicht umsonst steht bei nahezu allen Meditationspraktiken der Atem an erster Stelle und hat eine lange Tradition. Laut dieser verbindet sich hierbei die Energie des Universums mit der inneren Energie des Menschen. Das Atmen wird als befreiend angesehen. Beim Ausatmen können wir Verspannungen und Ängste loslassen.

- Eine sehr einfache und grundlegende Technik, die für Anfänger gut geeignet ist, ist das Zählen der eigenen Atemzüge. Dabei setzt oder legst du dich bequem hin, schließt deine Augen, nimmst deinen Atem wahr und zählst. In dem Fall vollbringt der Atem die Heilarbeit. Das Zählen bringt unsere ruhelosen Gedanken zum Schweigen.

- **Geh-Meditation:** Diese bewährte und einfach Technik kannst du problemlos in den Alltag integrieren. Die Aufgabe liegt darin, ungefähr ein Drittel der normalen Geh-Geschwindigkeit zu laufen. Nimm in dieser Zeit deinen Körper bewusst wahr. Spüre deine Füße, den Boden und deine Wirbelsäule und nimm deinen Atem wahr. Sobald du feststellst, dass andere Gedanken aufkommen, lenke dein Bewusstsein wieder auf den Körper. 10 bis 20 Minuten haben sich für diese Meditationstechnik bewährt.

- **Energie-Meditation:** Diese Übung dient dazu, neue Energie zu tanken, denn diese fehlt uns häufig nach einer Trennung. Schließe deine Augen und atme mehrere Male tief ein. Stelle dir beim Atmen vor, dass mit jedem Luftzug ein neuer Energieschwall in deinen Körper gelangt. Jedes Mal, wenn du einatmest, erhält jedes Körperteil von dir neue Energie.

- **Erd-Meditation:** Diese Übung ist dazu da, um sich von schlechten Gedanken zu lösen und zu entspannen. Stelle dir dazu vor, dass du von feuchter Erde umgeben bist. Nimm den schweren Geruch wahr. Fühle die Erde auf deiner Haut. Atme tief ein und wieder aus. Mit jedem Atemzug nimmst du die Erde in dir auf, mit dem Ausatmen gibst du sie wieder ab. Wiederhole das für einige Minuten. Spürst du, wie du dich nach dieser Übung freier und unbeschwerter fühlst und Ballast losgelassen hast?

- **Lichtkugel-Meditation:** Diese Übung ist dazu gedacht, die Blockaden im eigenen Körper zu lockern und ebenfalls neue Energie zu tanken. Lege dich dazu bequem auf den Boden, und winkle deine Beine leicht an. Die Fußsohlen sollten hierbei flach auf der Erde liegen. Schließe danach deine Augen, und stelle dir vor, dass warmes Licht vor dir schwebt. In deinen Gedanken bündelt sich nun das Licht, und du lässt es durch deinen kompletten Körper von oben nach unten fließen. Wichtig ist, dass du dabei ruhig ein- und ausatmest. Wiederhole das für einige Minuten.

- **Angeleitete Meditation:** Im Internet gibt es eine unglaublich große Auswahl an geführten Meditationen und Achtsamkeitsübungen. Durch diese Anleitungen kann es leichter fallen, mit den Gedanken nicht abzuschweifen. Eine davon gefällt mir besonders gut, du kannst sie dir hier anhören:

  wielandstolzenburg.de/liebeskummer-buch

Wie du siehst, haben alle Übungen mit Wahrnehmung und Präsenz im Hier und Jetzt zu tun. Das führt neben einer tieferen Zufriedenheit auch zu mehr innerer Ruhe. Spricht dich eine der oben genannten Techniken an?

Energie durch Ziele und Neues

Nach einer Trennung fehlt ein wichtiger und stabilisierender Faktor in unserem Leben: der Partner in der Gegenwart sowie alles, was wir mit ihm in der Zukunft bereits geplant hatten. Gewohnheit und Sicherheit sind nun weg. Darüber hinaus haben wir plötzlich viel Zeit, was zu Beginn überfordernd sein kann. Für alles, was nicht mehr ist, ob in der Realität oder in der Vorstellung, benötigen wir Ersatz. In diesem Abschnitt stelle ich dir einige Möglichkeiten dazu vor.

Projekte und Ziele

Ziele und Projekte unterstützen uns dabei, dem Tag eine Aufgabe und dem Leben einen Sinn zu geben, sie lenken uns ab, sie geben uns einen Wert, und sie treiben uns an. Einige Ideen, auch inspiriert durch meine Klienten, möchte ich dir mitgeben.

- **Für zu Hause:** Miste 30 Prozent deiner materiellen Dinge in deiner Wohnung aus, und spende die überflüssigen Sachen. Das äußere Loslassen befreit auch im Innen, und das Verschenken macht zufrieden. Oder lerne den farbigen Zauberwürfel *Rubik's Cube* zu lösen, bei welchem man alle Flächen mit der gleichen Farbe zusammenfügen muss. Das erfordert eine hohe Konzentration und Disziplin. Anleitungen dazu findest du auf YouTube. Oder erlerne ein Musikinstrument oder etwas, worauf du Lust hast.

- **Für draußen:** Melde dich zu einem Halbmarathon oder einer Alpenüberquerung an (das motiviert und zwingt dich dranzubleiben), oder nimm an einem Sprachkurs teil (das fördert die zwischenmenschlichen Beziehungen, ermöglicht dir, lange an einem Ziel dranzubleiben und direkt Fortschritte zu erleben), oder tritt einem Verein bei.

- **Für die Arbeit:** Finde beispielsweise mit deinem Vorgesetzten ein neues Projekt, übernimm die Einarbeitung für einen neuen Kollegen, oder bilde dich in einem bestimmten Sachgebiet weiter. Diese Projekte müssen nichts Außergewöhnliches sein oder gleich die gesamte Welt retten. Wichtig ist, dass es dir Spaß macht und du über einen längeren Zeitraum dranbleiben kannst. Hast du schon eine Idee, was das für dich sein kann?

Motivierende Videos auf YouTube

Es gibt auf YouTube tolle motivierende Videos. Teils geht es direkt um Trennungen, teils um andere Lebensmomente, in denen wir in einem emotionalen Tief stecken. Suche dazu am besten nach englischsprachigen Titeln wie »Motivational Video« oder »Motivational Breakup-Videos«.

Verhindertes und Unmögliches

Partnerschaften bedeuten Kompromisse und das Aufgeben eigener Vorlieben und Prioritäten. In jeder Beziehung gibt es Dinge, welche mit dem Partner nicht möglich waren und die wir daher aufgegeben haben oder nicht angegangen sind: Weil er keine Lust auf Wandern hatte, weil er zu geizig fürs Kino war oder weil er wegen einer Katzenallergie bestimmte Freunde nicht besuchen konnte. Vielleicht war die Pflege mancher Freundschaften oder eines deiner Hobbys ebenfalls nicht möglich.

AUFGABE

Dein Verhindertes

Jetzt geht es darum, dass du die Dinge identifiziert und bewusst angehst, welche a) nicht möglich waren und du b) schon lange machen wolltest. Durch deine neue Freiheit ist das nun alles machbar.

Schreibe auf, was du heute machen kannst: zum Beispiel Pizzaessen gehen, weil dein Ex-Partner eine Allergie gegen Gluten hatte …

Was kannst du in dieser Woche angehen? Zum Beispiel deinen alten Freundeskreis im Sportverein kontaktieren, den dein Ex-Partner nicht mochte oder in dem die Leute ihn nicht leiden konnten.

Was möchtest du für nächste Woche planen? Zum Beispiel den Tanz- oder Karatekurs beginnen, auf den dein Ex-Partner nie Lust hatte.

___

___

___

___

___

Was gibt es, was du für das kommende Jahr in Angriff nehmen möchtest? Die Besichtigung der Tempelanlage *Angkor Wat* in Kambodscha, da beispielsweise aufgrund der Flugangst deines Ex-Partners bisher nur die Ostsee oder Südtirol möglich waren.

___

___

___

___

___

Mit diesen selbstbestimmten Aktivitäten und Entscheidungen beginnst du wieder, *dein* Leben zu gestalten, wirst selbstbestimmter, kreierst dir freudvolle Momente und erkennst, dass du dein Leben selbst in die Hand nehmen kannst.

Wenn du lernst, deine Bedürfnisse wahrzunehmen und Dinge anzugehen, die dir Freude bereiten, profitierst du auch in einer zukünftigen Partnerschaft. Das wird dir in Zukunft ebenfalls leichter fallen.

Unterstützung und Halt durch Freunde

Die Qualität und Quantität des körperlichen und emotionalen Kontakts zu anderen Menschen haben einen bedeutenden Anteil an unserer Gesundheit und unserem Befinden. Bereits nach der Geburt zeigt sich, dass dieser Kontakt überlebenswichtig sein kann. Beispielsweise starben in den USA in den 1980er-Jahren in einer Station für Frühchen erstaunlich viele Säuglinge. Den Krankenschwestern wurde der Körperkontakt zu den Babys untersagt, als Schutz für deren labile Verfassung. Heimlich widersetzte sich eine Schwester dieser Vorgabe und berührte manche der Säuglinge immer wieder. Zum Erstaunen aller entwickelten sich diese Babys wesentlich besser als die, mit denen sie keinen Körperkontakt hatte. Auch schwerkranke Menschen genesen besser und schneller, wenn sie in einer emotional nährenden Gemeinschaft oder einer glücklichen Beziehung leben.

Das mit der glücklichen Beziehung ist gerade wohl so eine Sache ... Da du im Moment die Nähe und Verbundenheit eines Partners nicht hast und im Gegenteil auch noch mit dem Verlust umgehen musst, sind andere Menschen wichtig. Genau darum geht es in diesem Abschnitt: um nährende Kontakte zu Freunden und Angehörigen und um eine mögliche Unterstützung durch eine Beratung oder Therapie.

Was hast du gemacht, nachdem dein Ex-Partner die Beziehung beendet hat? Wahrscheinlich hast du – ob direkt oder nach dem ersten Schock – enge Freunde oder jemanden aus deiner Familie kontaktiert. Wir können die unliebsame Nachricht mit dieser Person teilen, erhalten im besten Fall passende Unterstützung und liebevolle Worte. Freunde sind eine der wichtigsten Stützpfeiler nach der Trennung. Reden bedeutet Verarbeitung. Indem du dich mit allem, was in dir ist, jemand anderem zeigst, geschehen viele kleine und doch so wichtige Heilungsschritte. Unsere Seele möchte sich wahrhaftig ausdrücken, möchte sich ehrlich zeigen. Jedes Gespräch ist ein Ausdruck von dem, was gerade in dir ist. Je mehr du dich deinen Mitmenschen gegenüber öffnest, umso lösender und heilsamer wird der Austausch sein.

Erwachsen sein bedeutet nicht, alles allein und selbstständig lösen zu können und zu müssen – auch wenn das in unserer heutigen Gesellschaft häufig anders gesehen wir. Die Anteilnahme von anderen Menschen bedeutet Heilung – wenn es

Mitgefühl und nicht Mitleid ist. Beim Mitgefühl erleben wir echte menschliche Verbindung und erfahren Wohlwollen von unserem Gegenüber. Mitleid hingegen trennt. Die andere Person, in diesem Fall wir, wird dann eher in der Opferrolle gelassen, wie zum Beispiel mit *Du Arme, das muss schlimm sein für dich.*

Häufig sind wir es nicht mehr gewohnt, unsere Schmerzen und Ängste anderen Menschen zu zeigen. Wenn du zu den Menschen gehörst, die sich schwer vor anderen öffnen können, mache es in deinem Tempo, und beobachte, ob diese Erfahrung hilfreich für dich ist. Hierbei muss es nicht ausschließlich um Gespräche gehen, auch eine echte Umarmung oder ein Halten beim Weinen sind Seelenbalsam. Für meine Klienten war es meist der wichtigste und heilsamste Aspekt, dass sie sich ausdrücken konnten und jemand voll präsent dabei war, Zeuge war und dieses Sich-Zeigen und Öffnen ermöglichte und begleitete.

Im Folgenden habe ich Übungen und Impulse im Umgang mit deinen Freunden, Familienangehörigen und Bekannten zusammengetragen.

Fester Gesprächstermin mit Freunden

Vereinbare mit deiner besten Freundin, deinem besten Freund oder einer anderen nahestehenden Person einen festen Termin zum Telefonieren oder Treffen. Einmal am Tag, alle drei Tage, wie es für euch beide am besten passt. Dabei geht es in erster Linie nicht darum, etwas Festes zu etablieren. Vielmehr hat diese Kontinuität einen großen Einfluss auf unser Unterbewusstsein. Wenn dieses die Sicherheit hat, dass ein verbindlicher Austausch stattfinden wird, sinkt der Druck, sich sofort nach außen wenden zu müssen. Es weiß dann, dass am Abend oder dem folgenden Tag die Möglichkeit dazu bestehen wird. Das kann viel innere Entspannung bringen.

Frage dich nicht, was falsch mit dir ist.
Erkenne die Dinge, welche dich einzigartig,
wunderbar und großartig machen.

FRAGE

Dein Gesprächspartner

Welcher deiner Freunde kommt für einen festen Termin infrage?

___

___

Welcher Tag und welche Uhrzeit wäre für dich am besten?

___

Wann möchtest du diese Person fragen, ob sie sich auf diesen festen Termin einlassen möchte?

___

Der Umgang mit Ratschlägen von Freunden

Wenn wir im Trennungsschmerz stecken, sind unsere Freunde die ersten und wichtigsten Ansprechpartner. Wenn wir ihnen von der Trennung und unserem Schmerz erzählen, sind diese für uns da – doch leider nicht immer so, wie es für uns gut wäre. Warum ist das so?

- **Sie gehen von sich aus:** Wir Menschen sehen die Welt stets durch unsere eigene Brille, gefärbt durch unsere eigene Lebensgeschichte. Wenn wir nicht bewusst reflektieren, gehen wir automatisch davon aus, dass alle Menschen die gleiche Brille tragen und daher die gleiche Sicht auf die Dinge haben. In einer Trennungssituation vermuten sie daher häufig, dass wir dasselbe brauchen, was sie in einer solchen Situation benötigen würden. Doch das ist nicht zwingend das Passende und Heilsame für uns.

- **Sie sind nicht objektiv:** Unsere Freunde sind jederzeit auf unserer Seite, das ist auch gut so. Insbesondere zu Beginn ist das richtig und wichtig. Doch wenn wir unseren Anteil an der Trennung – vielleicht drei Monate nach dem Beziehungsende – verstehen möchten, kommen wir mit Freunden manchmal nicht weiter. Denn: Sie sind auf unserer Seite. Wenn du dir eine objektivere Sicht und Einschätzung von jemandem wünschst, der dich auch zu den Aspekten führt, die du selbst nicht sehen kannst, ist vielleicht ein Trennungscoach oder -therapeut hilfreicher. Darauf gehen wir am Ende des Kapitels ein.

- **Sie versuchen, uns den Schmerz zu nehmen:** Deine Freunde sind mit deiner Trennungssituation häufig selbst überfordert. Sie wissen nicht, was sie tun sollen und was nicht. Normalerweise verfolgen sie daher das Ziel, dir deine Trauer und deinen Schmerz zu nehmen, indem sie beispielsweise sagen: »Der Ex war doch ohnehin blöd, du hast jemand Besseren verdient!« – »Kopf hoch, das wird schon wieder« oder »Jetzt stell dich nicht so an, das Leben geht doch weiter!« Meist sind das nicht die Sätze, die wir in diesem Moment hören möchten oder die uns im Heilungsprozess weiterbringen.

Ist diese Art des Trosts im vorigen Absatz hilfreich für dich? Für die meisten Klienten und Freunde, mit denen ich darüber gesprochen habe, ist es nicht das, was tatsächlich hilft. Das Gefühl, die Trauer, die Wut – sie möchten da sein. Wenn jemand kommt, der uns dies durch gut gemeintes Zureden wegnehmen möchte, fühlen wir uns meist nicht verstanden. Denn sie sprechen mehr den Verstand als unsere Gefühle an. Doch Letztere benötigen nach einer Trennung unsere Aufmerksamkeit. Das ist von unserem Gegenüber nicht böse gemeint, es ist häufig einfach nur Überforderung oder Unwissenheit.

»Wer nie scheitert, entwickelt sich nicht
und kann auch nicht glücklich werden,
denn ihm fehlt die Erfahrung der eigenen Stärke.«

MARTIN SELIGMAN

Eine Übung mit Freunden

Unser Selbstwert befindet sich nach einer Trennung eher am unteren Ende unserer Selbstwert-Skala. Ich möchte dir eine kleine Übung vorstellen, damit sich das Stück für Stück verändern kann.

AUFGABE

Die Wer-bin-ich-Übung

Welche drei Menschen sind für dich im Moment die wichtigsten?

____

____

____

Schreibe jedem dieser wichtigen Menschen, oder rufe sie an. Du kannst ihnen erzählen, dass du gerade ein Trennungsbuch liest und darin eine Übung vorgeschlagen wird.

Stelle ihnen anschließend diese drei Fragen:

- Wer bin ich ohne meinen Ex-Partner?
- Was ist das Besondere an mir?
- Welche drei Eigenschaften schätzt du am meisten an mir?

Bewahre dir diese Antworten auf. Sie werden dir helfen, dich an den Menschen zu erinnern, welcher du ohne deinen Ex-Partner bist. Den du aktuell selbst nur schwer sehen und spüren kannst. Der Mensch, der auch schon vor der Partnerschaft war und der in Zukunft auch sein wird: du!

Begleitung durch Coaches oder Therapeuten

Manchmal ist es neben dem Austausch mit Freunden und der Familie zielführend, sich professionelle Unterstützung zu suchen. Das kann in Form einer Begleitung durch psychologische Beratungsstellen, Coachings oder eine Einzeltherapie geschehen. Es gibt immer mehr Therapeuten, die sich auf Trennungen spezialisieren beziehungsweise sich mit diesem Thema auskennen. Sie können eine wertvolle Stütze in der schweren Zeit sein. Ob für eine Sitzung oder über einen längerfristigen Zeitraum, das wirst du selbst feststellen. So kannst du von einer Trennungsberatung oder Therapie profitieren:

- Seelenbalsam in einer schweren Zeit.
- Unterstützung im Umgang mit deinen Gefühlen und Gedanken.
- Individuelle Begleitung und Unterstützung mit den für dich passenden Tipps, Übungen und Gedankenanstößen.
- Eine neutrale und externe Person, vor der du keine Sorgen haben musst, sie zum wiederholten Mal mit *der gleichen Geschichte* oder *deinem Jammern* zu nerven.
- Aufarbeitung der biografischen Anteile aus deinem Leben, welche mit der Trennung und deinem jetzigen Gefühlszustand zu tun haben.
- Erkennen, was zur Trennung geführt hat und wie du an dieser wachsen kannst.

Leider fällt es uns – insbesondere in Deutschland, Österreich und der Schweiz – oft schwer, diesen Schritt zu gehen. In den USA etwa ist eine Therapie mittlerweile etwas Normales, womit Menschen offen umgehen. Hier bei uns haben wir jedoch häufig Bedenken, wie *Ich bin doch nicht krank* oder *Was sollen meine Kollegen/Freunde/Eltern/Kinder von mir denken …*

Zu einem Therapeuten zu gehen zeugt in meinen Augen von Stärke und nicht von Schwäche. Mit Zahnschmerzen würden wir ebenfalls einen Spezialisten aufsuchen. Bei psychischen Veränderungen ist es manchmal wie beim Kitzeln: Das kann man auch nicht selbst machen.

ÜBUNG

Atemübung für aufwühlende Momente

Diese Übung eignet sich immer dann, wenn deine Gefühlswelt in Aufruhr ist.

Atme langsam durch die Nase ein, presse anschließend deine Lippen zusammen und halten den Atem an. Atme im Folgenden langsam aus dem Mund, jedoch nur so viel Luft, wie durch einen Strohhalm passen würde.

Durch diese Atemtechnik verlangsamt sich unser Atem, unser Nervensystem beruhigt sich, und wir kommen aus dem Kampf- beziehungsweise Fluchtmodus in die Entspannung. Damit kannst du dich in schweren Momenten selbst beruhigen.

All die in diesem Kapitel vorgestellten Aspekte des Handelns – ob Sport, Essen, Ziele oder eine Beratung – haben eine Gemeinsamkeit: Das Gute am Handeln ist, dass wir unser *Wollen* direkt beeinflussen können. Mit unserem Grübeln und unseren Gefühlen können wir den Schalter nicht jederzeit so direkt und effektiv umlegen wie bei unserem *Wollen*. Demnach stellt sich die Frage: »Will ich, oder will ich nicht?« Beim Handeln gilt eben nicht »Ich kann nicht«. So hast du mit all den genannten Impulsen, Ideen und weiteren Aspekten in diesem Abschnitt einen großen Hebel in der Hand, mit einem direkten Einfluss auf dein Wohlbefinden.

REFLEXION

Wie ging es mir in Woche 9?

Fülle zum Abschluss dieser Woche aus, wie die letzten 7 Tage für dich waren.

1. Wie ich die letzte Woche in einem Satz beschreibe …

____

____

____

2. Das Beste, was ich diese Woche gemacht habe …

____

____

____

3. Mein Bedürfnis, meinen Ex-Partner in der letzten Woche zurückzugewinnen, war ...
☐ sehr groß ☐ groß ☐ etwas ☐ gering ☐ nicht vorhanden

4. Was ich im Rückblick auf diese Woche meinem Ex-Partner alles sagen würde …

____

____

____

5. Warum es sich gelohnt hat, in der letzten Woche zu leben …

____

____

____

6. Was ich mir für die nächste Woche vornehme …

____

____

____

Woche 10: Deinen Selbstwert aufbauen

In vielen Momenten im Leben hören wir den Satz »Liebe dich selbst«. Einerseits wissen wir gleich, was damit gemeint ist, andererseits klingt das auch ein wenig abstrakt, und wir haben oft keine Ahnung, wie wir unsere Liebe uns selbst gegenüber ausdrücken und vergrößern können.

Unser Selbstwert, folglich der Wert, den wir uns selbst geben, ist einer der Schlüssel für ein erfülltes Leben und damit auch wesentlich nach einer Trennung. Nach einem Beziehungsende sind wir in unserem Selbstwert angegriffen und haben schmerzhafte Gefühle und negative Gedanken. Je nach Stabilität dieses Wertes trifft es uns mehr oder weniger. Dass es uns trifft, ist normal und kein Grund zur Panik. Es ist in vielerlei Hinsicht ein Spiegel, wie gut unser Selbstwert tatsächlich ist. Einige Studien belegen, dass wir bei einem niedrigen Selbstwert empfänglicher sind für Angst und Stress, Ablehnungen als schmerzhafter empfinden und länger zur Verarbeitung brauchen.

Wir alle würden nach einer Trennung weitaus weniger leiden, wenn wir uns präventiv genauso gut um unsere Psyche kümmern würden, wie wir es mit unserem Körper machen. Wir wissen, dass wir Karies bekommen, wenn wir die Zähne nicht putzen, und wir wissen, dass Zucker ungesund ist. Kurzfristig gesehen wird nichts Schwerwiegendes geschehen, wenn wir die Zähne nicht putzen oder etwas Ungesundes essen. Langfristig sieht das jedoch anders aus. Daher kümmern wir uns darum, der eine mehr, der andere weniger.

»Achte dich selbst, wenn du willst, dass andere dich achten sollen!«

ADOLPH FREIHERR KNIGGE

Doch wie sieht es mit der emotionalen und psychischen Hygiene aus? Was hast du als Kind darüber gelernt, ob zu Hause oder in der Schule? Wahrscheinlich kaum etwas? Hätten wir für unsere psychische Gesundheit ebenso Vorbilder gehabt, Strategien und Routinen entwickeln können und gelernt, mit seelischen Krisen umzugehen, wären wir für all die kleinen und großen Herausforderungen im Leben wesentlich besser gewappnet. Eine Trennung bliebe dennoch eine Herausforderung, jedoch hätten wir andere Kompetenzen und Ressourcen und würden ihr auf einem anderen Level begegnen können. Als Gesellschaft, als Eltern und im Bildungssystem haben wir in meinen Augen diesbezüglich noch viel zu lernen und zu implementieren.

So sollten wir nach einer Zurückweisung unseren Selbstwert unterstützen. Wie im vorherigen Abschnitt beschrieben, ist es essenziell, uns mit Mitgefühl zu begegnen. So, wie wir mit einem guten Freund umgehen würden, der verlassen worden ist. Was uns auf diesem Weg helfen kann, darum geht es in den nächsten Abschnitten:

- Hintergrundwissen zum Selbstwert
- Selbstwert stabilisieren und gewinnen

AUFGABE

Dinner for one

Hast du heute Abend schon etwas vor? Wie wäre es mit einem Dinner for one: Du kochst etwas Besonderes, deckst den Tisch schön und gönnst dir ein leckeres Getränk ... Tue so, als ob du alles für ein Date vorbereitest und dafür deine besten Kochkünste auspackst. Doch mache es für dich allein. Weil du es wert bist, dass du dich liebevoll um dich sorgst.

Hintergrundwissen zum Selbstwert

Wir alle kommen mit einem gesunden Selbstwert auf die Welt – auch wenn wir uns zu diesem Zeitpunkt noch nicht dessen bewusst sind. Wenn wir keinen Selbstwert hätten, würden wir nicht von allen um uns verlangen, dass sie alles sofort stehen und liegen lassen, sobald wir etwas brauchen: Essen, Wärme, Ruhe oder Liebe – wir sind der Mittelpunkt des Universums. Kein Baby hat Selbstzweifel oder denkt, dass es nicht gut genug ist.

Die Entwicklung unseres Selbstwerts

Doch was passiert dann? Es sind unsere Erfahrungen, die diese einstmals unveränderliche Selbstverständlichkeit ins Wanken bringt. Der Kontakt mit unseren Eltern ist dabei ausschlaggebend. Als Baby hängt unser Überleben von ihnen ab. Aus diesem Grund können wir die Fehler nicht bei ihnen suchen, sondern nur bei uns selbst – ganz automatisch. Wir stellen die Eltern auf einen Sockel, denn sie sind unsere gesamte Welt, und wie sie es machen, wird es das einzig Richtige sein. Der Fehler liegt demzufolge bei uns.

Neben diesem *Sockel-Blick* auf die Eltern, geht es insbesondere darum, wie diese mit uns umgehen. Somit glauben wir alles, was sie zu oder über uns sagen, das Gute wie das Schlechte. Studien weisen darauf hin, dass unser Gehirn tatsächlich alles als wahr ansieht, was wir bis zu unserem siebten Lebensjahr hören: *Wenn du jetzt nicht ruhig bist … – Das hast du echt gut gemacht. – Wegen dir kommen wir jetzt zu spät. – Ich mag dich, so, wie du bist.* Doch nicht nur Urteile prägen uns. Mimik, Gestik und Verhalten beeinflussen unseren Selbstwert ebenfalls. Wenn Mama plötzlich arbeiten geht, glauben wir vielleicht, dass sie uns nicht mehr lieb hat, oder wenn sich unsere Eltern streiten, denken wir vielleicht, dass wir schuld daran sind.

Als Kind reagieren wir auf das, was unsere Eltern uns bieten. Erst später erkennen wir, dass sie genauso Fehler gemacht haben und vieles, was unseren heutigen Selbstwert ausmacht, nicht in unserem kindlichen Verantwortungsbereich lag. Doch wenn wir das verstehen, sind Selbstbilder bereits zu einer tiefen und stabilen Überzeugung geworden, häufig läuft es wie ein unbewusstes Programm in uns ab. Es fühlt sich so normal an, dass wir nicht mehr erkennen, dass es nicht die tiefe Wahrheit über uns ist. Denn was unsere Eltern und andere Menschen über oder zu uns gesagt haben, sagt nichts über unseren wahren Wert aus. Selbst wenn wir das seit früher Kindheit so geglaubt haben.

All diese Erfahrungen haben ihre Auswirkungen auf unseren Selbstwert, das ist wahr. Sie begleiten uns das gesamte Leben, bis wir uns bewusst mit ihnen auseinandersetzen oder neue Erfahrungen machen, die diesen entsprechend verändern. Wenn wir uns vorstellen, dass wir andere Eltern gehabt hätten, hätten wir andere Erfahrungen gesammelt, würden andere Glaubenssätze in uns tragen und demnach einen anderen Selbstwert besitzen. Welcher Wert ist denn dann der »richtige«?

Neben den Glaubenssätzen aus unserem Elternhaus spielt unsere Gesellschaft eine weitere Rolle. Noten, Vergleiche, Bewertungen und Aussehen lassen uns bereits in jungen Jahren spüren, dass wir nur gut sind, wenn wir etwas richtig machen, wenn wir gute Noten schreiben, wenn wir aufessen, wenn wir lieb und brav sind … Somit ist unser Selbstwert häufig mit unserem Tun und Erfolg verknüpft, anstelle einfach rund und froh da zu sein, weil wir sind, weil wir leben.

ÜBUNG

Mindfulness

Stelle dir einen Wecker für drei Minuten, und betrachte während der Zeit den folgenden Buchstaben. Versuche, währenddessen an nichts anderes zu denken, sondern fahre mit deinem Auge langsam um die äußere Kante des Y.

Y

Der Selbstwert nach einer Trennung

Beeinflusst durch die oben beschriebenen Faktoren besitzt der eine einen stabileren Selbstwert als der andere. Jeder Mensch trägt dabei verschiedene Glaubenssätze über sich selbst mit sich – häufig sind uns diese aber nicht bewusst. Beispielsweise folgende: *Ich bekomme nichts auf die Reihe. Was ich anpacke, gelingt mir. – Ich bin nicht liebenswert. Ich bin liebenswert. – Ich sehe nicht gut aus. Ich sehe gut aus. – Ich bin ein Gewinner. Ich bin ein Versager …*

Der Selbstwert ist dabei keine feste Größe, sondern verändert sich im Lauf eines Lebens und genauso im Lauf eines Tages. Es gibt Zuflüsse, die unseren Selbstwert steigern, und Abflüsse, die ihn minimieren. Entweder sind es externe Zu- und Abflüsse oder welche, die von innen kommen. Meist ist unser Wert jedoch an etwas Externes geknüpft. Wenn dieses plötzlich weg ist, ob der Job, die Wohnung oder der Partner, ist unser Selbst, unser *Ich,* angegriffen. So fühlt es sich zumindest an. Denn unser Selbst ist ja nicht die Wohnung, der Job oder der Partner.

Wenn sich unser Partner von uns trennt, wird unser Selbstwert demnach auf eine harte Probe gestellt und rauscht für gewöhnlich in den Keller. Häufig in ein so tiefes Stockwerk, welches wir noch nicht kennen. Der Mensch, der uns einmal geliebt hat, entzieht uns diese Liebe und lehnt es ab, in Zukunft weiter mit uns in einer Partnerschaft zu sein. Das ist eine der größten und schmerzhaftesten Ablehnungen, die wir als erwachsene Menschen erfahren können.

Das Gefühl, nicht gut genug zu sein, hat wie beschrieben nichts damit zu tun, was wir können, was wir besitzen, was wir leisten oder wie wir aussehen. Das ist leider ein weitverbreiteter Irrglaube. Leistung, Macht, Erfolg oder Aussehen helfen kurzfristig, unseren Selbstwert zu erhöhen. Doch als stabile und langfristige Basis ist all das ungeeignet. Wenn wir unseren Wert ständig von außen spiegeln lassen, schwankt er dauernd, und wir machen Dinge, nur um diesen zu stabilisieren oder zu erhöhen.

Dieser Irrglaube wird deutlich, wenn wir uns die Leben manch berühmter Menschen ansehen, ob von Michael Jackson, Robin Williams, Falko oder Amy Winehouse. Alle waren berühmte, reiche und talentierte Menschen, die viel Bewunderung und Aufmerksamkeit erhielten und doch in und mit ihrem Leben zu kämpfen hatten. Ich vermute, dass diese in aller Tiefe nicht sagen konnten: »Ich bin liebenswert und genug, genau so, wie ich bin.« Solange wir das nicht in unserem tiefsten Kern wissen und spüren, sind wir abhängig von anderen. Ich kenne nur wenige Menschen, die einen unzerstörbaren stabilen Selbstwert haben. Doch diese können uns als eine Orientierung dienen. Ein wenig so, wie die Seefahrer die Sterne als Orientierung nutzten, obwohl sie wussten, dass diese nur schwer zu erreichen sind.

Die emotionale Abhängigkeit vom Partner

Meist wollen wir uns nach einer Trennung nicht mit unserer emotionalen Abhängigkeit befassen. Diese kann sich in einer Partnerschaft zeigen, wenn wir auf die Bestätigung, Anerkennung und Liebe unseres Partners angewiesen sind und uns ohne dies unzufrieden, wertlos oder ungeliebt fühlen. Je weniger wir uns selbst lieben, desto abhängiger sind wir von anderen. Am deutlichsten wird das in einer Partnerschaft. Denn dann hat dieser Mensch die Aufgabe, uns unseren Wert – oder Teile davon – zu geben, für unsere Zufriedenheit zu sorgen. Wenn er uns verlässt, fehlt das. Denn er nimmt nicht nur sein Liebe wieder mit, sondern ebenfalls all das, womit er unseren Selbstwerttopf gefüllt hat. Zurück bleibt häufig ein großes Loch.

Wenn wir unser Leben wieder mehr in die eigene Hand nehmen und nicht auf jemand warten, der uns aus dem Loch zieht, stärken wir unseren Selbstwert. Dazu gilt es, die durch die Trennung entstandenen Löcher zu identifizieren und zu füllen. Beispielsweise der fehlende Freundeskreis, der fehlende Lebenssinn oder die fehlende Selbstständigkeit. Zu erleben, dass wir von niemandem abhängig sind, bringt uns zur Selbstverantwortung und fordert uns gleichzeitig dazu auf, selbst aktiv zu werden. Oder wir treffen bewusst die Entscheidung, in dem Loch zu bleiben. Dann sind wir ebenfalls frei, weil wir es so entschieden haben und auf niemanden warten müssen.

AUFGABE

Deine Abhängigkeit vom Partner

Es ist wichtig, dass wir uns bewusst darüber werden, ob wir in einer Abhängigkeit stecken. Versuche, dir im Folgenden diese Fragen zu beantworten: War beziehungsweise bin ich emotional abhängig von meinem Ex-Partner? Wenn ja, wie sehr? Was hat er mir gegeben, was ich mir – vermeintlich – selbst nicht geben konnte? Wo war er für meine Zufriedenheit zuständig? Kann ich lernen, mir das selbst zu geben?

Wenn wir uns darüber bewusst sind, erkennen wir besser, welche Verantwortung wir aktuell an unseren Ex-Partner geben. Erst dann können wir uns Stück für Stück daraus befreien.

Selbstverständlich erhalten wir vom Partner vieles, das ist schön und gut. Es geht nicht darum, nichts mehr erhalten zu dürfen. Vielmehr geht es darum, dass wir die Abhängigkeit unseres Lebensglücks und unserer Lebenszufriedenheit vom anderen nicht übertreiben. Zudem ist es wichtig, dass der Partner nicht das gesamte Fundament davon ist, sondern lediglich ein Pfeiler unter vielen.

»Der Mensch ist nichts anderes, als was er selbst aus sich macht.«

JEAN-PAUL SARTRE

Selbstwert stabilisieren und gewinnen

Wir sollten uns bewusst machen, dass wir alles in uns tragen: unendliche Liebe, Ressourcen, Fähigkeiten und ein unfassbar großes Potenzial. Meist sehen wir das aufgrund bestimmter Erfahrungen nicht, beispielsweise vernebeln unsere Glaubenssätze diesen Blick. Insbesondere wenn sich unser Ex-Partner trennt, schlussfolgern wir: *Wenn ich gut genug gewesen wäre, hätte er mich nicht verlassen.*

Erschwerend kommt bei der Selbstliebe häufig hinzu, dass wir diese mit Egoismus, Narzissmus oder Arroganz verwechseln. Doch das ist es nicht! Es geht darum, uns so anzunehmen und zu lieben, wie wir sind, mit allem Licht und Schatten. Jedoch nicht auf Kosten von anderen, indem wir sie ausnutzen oder uns über sie erhöhen.

Unseren bewertenden Blick auf unsere vermeintlichen Mängel sollten wir auflösen, dann verändert sich auch alles im Außen. Wir werden freier und zufriedener. Das ist ein lebenslanger Prozess und lässt sich nicht kurz mit ein paar Übungen grundlegend verwandeln. Doch gibt es einen besseren Tag als heute, um damit zu beginnen?

Selbstverantwortung

Wenn wir die Verantwortung für unser Leben und insbesondere für unsere Gefühle übernehmen, stärken wir unseren Selbstwert. Wir erkennen damit leichter unseren Wert, unsere Fähigkeiten und können Glaubenssätze wie *Ich kann das nicht* oder *Ich schaffe das nicht* verändern, indem wir erleben, dass wir zu weitaus mehr fähig sind, als wir glauben.

*Nichts verändert sich,
bis man sich selbst verändert.
Dann plötzlich verändert sich ALLES.*

AUFGABE

Deine Ressourcen

Wenn wir uns unserer Stärken bewusst sind, stärken wir unseren Selbstwert. Blicke dazu einmal in deine Vergangenheit. Wann ist dir einmal etwas wirklich gelungen? Wann und wie hast du eine große Herausforderung überwunden, oder wie hast du schwere Gefühlszustände überstanden? Welche deiner Stärken und Ressourcen haben dir dabei geholfen? Schreibe all deine Gedanken und Erinnerungen dazu auf.

Selbstliebe

Wenn wir uns mehr und mehr so annehmen und lieben, wie wir sind, stärken wir unseren Selbstwert. Dazu gehören insbesondere die Anteile in uns, welche wir selbst nicht mögen. Das Gute anzunehmen fällt selbstverständlich leichter. Es geht darum, *Ja* zu uns selbst zu sagen: *Ja, ich mache Fehler. Ja, ich bin ein liebenswerter Mensch. Ja, ich weiß gerade nicht weiter. Ja, das kann ich gut. Ja, ich habe gerade Angst. Ja, so bin ich.*

Zu was wäre es für dich gut, *Ja* zu sagen? Wenn es uns gelingt, unsere Schattenseiten zu integrieren und lieb zu haben, schmerzt uns Kritik weniger, wir leben authentischer und werden zufriedener. Doch das bedarf der Übung. Selbstliebe bedeutet im Umkehrschluss nicht, dass wir genau so bleiben, wie wir sind und ab sofort im Leben einfach verharren. Die Veränderung geschieht, weil wir uns aus Freude heraus weiterentwickeln, und nicht, weil wir vor Anteilen in uns wegrennen.

AUFGABE

Deine Stärken

Jetzt darfst du dir ganz viel Zeit nehmen und genau 42 Aspekte aufschreiben, die du an dir magst, die andere Menschen an dir mögen und die auf einer Werbetafel im Schaufenster stehen würden, wenn jemand Werbung für dich als Mensch machen würde. 42 klingt viel und kann es auch sein. Doch genau darum geht es, dass du so viele findest. Und es funktioniert, garantiert.

PS: Du kannst zudem Freunde und Familienmitglieder darum bitten: *Was schätzt du an mir, was empfindest du als liebenswert, und welche Stärken siehst du in mir?* Das kann dich durch die Trennungszeit tragen und dir helfen, die Liste auszufüllen.

1. ______
2. ______
3. ______
4. ______
5. ______
6. ______
7. ______
8. ______
9. ______
10. ______
11. ______
12. ______
13. ______
14. ______
15. ______
16. ______
17. ______
18. ______
19. ______
20. ______
21. ______
22. ______
23. ______
24. ______
25. ______
26. ______

27. ______________________________
28. ______________________________
29. ______________________________
30. ______________________________
31. ______________________________
32. ______________________________
33. ______________________________
34. ______________________________
35. ______________________________
36. ______________________________
37. ______________________________
38. ______________________________
39. ______________________________
40. ______________________________
41. ______________________________
42. ______________________________

Selbstvertrauen

Wenn wir lernen, uns selbst zu trauen und zu vertrauen, stärken wir unseren Selbstwert. *Vertraust du dir, diese Zeit gut zu überstehen?* Wenn wir kein Vertrauen hätten, dürften wir das Haus nicht mehr verlassen, kein Auto mehr fahren und auch nichts mehr essen. Wir könnten einen Unfall haben oder uns eine Lebensmittelvergiftung holen. Vertrauen hat stets einen Zukunftsbezug, wir können nicht in die Vergangenheit vertrauen. Das bedeutet, ich habe dann das Vertrauen, mit allem umgehen zu können, was auch geschehen mag. Beispielsweise mit negativen Gefühlen und seelischen Schmerzen. Wenn ich das Vertrauen in mich habe, besteht kein Grund mehr, mich zu sorgen.

AUFGABE

Dein Vertrauen in dich

Jetzt darfst du einen Menschen auswählen, der dich gut kennt. Ein Familienmitglied oder einen guten Freund oder eine gute Freundin. Bitte diese Person, dich bei dieser Aufgabe zu unterstützen. Sie soll dir einen kurzen (oder langen) Brief schreiben, warum du dir selbst vertrauen kannst. Gern mit Beispielen aus deinem bisherigen Leben. Nimm diesen Brief, und klebe ihn hier rein.

Unser Selbstbewusstsein

Wenn wir wissen, wer wir sind, stärken wir unseren Selbstwert. Mit dem Wort Selbstbewusstsein meine ich nicht die umgangssprachliche Bedeutung. Das Wort besteht aus *Selbst* und *Bewusstsein*. Wir haben das *Bewusstsein* über uns *selbst*, wissen, wer wir sind und sind uns über unsere Fähigkeiten, Handlungen oder Schwächen bewusst.

Bist du dir deiner selbst bewusst? Weißt du, wer bist du? Damit meine ich nicht deinen Namen, deinen Beruf oder dein Aussehen. *Wer bist du also?* Darauf gibt es in meinen Augen keine allgemeingültige Antwort, die leicht zu finden ist. Doch allein diese Frage in den Gedanken zu bewegen, verändert dein Bewusstsein. Es ist auf jeden Fall hilfreich, wenn wir erkennen, dass wir mehr sind als unsere Partnerschaft – wesentlich mehr.

AUFGABE

Wer bist du?

Wenn du möchtest, überlege dir mal, wer du bist. Außer deinem Namen, deiner Herkunft, deinem Beruf oder Besitz?

____

____

____

____

____

____

____

Unsere Bedürfnisse

Wenn wir unsere Bedürfnisse kennen und auf diese achten, stärken wir unseren Selbstwert. *Was will ich?* ist dabei eine innere Leitfrage. Indem wir *Ja* sagen, wenn wir auch wirklich *Ja* meinen und nicht *Ja* sagen, wenn wir es nicht so meinen. Denn jedes unehrliche *Ja* zu anderen, ist ein *Nein* zu uns selbst. Zu einem guten Umgang mit unseren Bedürfnissen gehört es zum einen, uns Zeit für uns zu nehmen, zu meditieren oder unsere Intuition zu schulen. Zum anderen, Grenzen zu setzen, ohne andere zu verletzen, und unsere Gefühle auszudrücken. Denn sobald wir diese unterdrücken, verletzen wir uns selbst.

AUFGABE

Deine Bedürfnisse

Zwei hilfreiche Frage zu unseren Bedürfnissen:

Was würde ich jetzt in der Trennungsphase anders machen, wenn ich mich lieben würde?

Was würde ich in meinem Leben insgesamt anders machen, wenn ich mich selbst mehr lieben würde?

Stärken reflektieren

Wenn wir uns an das Gute erinnern, stärken wir unseren Selbstwert. Dazu hat sich diese Aufgabe besonders bewährt – viele meiner Klienten haben davon sehr profitiert.

AUFGABE

Drei-ins-Glas

Schreibe dir jeden Abend drei Dinge auf, die dir gut gelungen sind. Notiere jeden Aspekt auf einem kleinen Zettel. Das muss nichts Großes sein. Es reicht, wie sorgfältig du heute deine Zähne geputzt hast oder das freundliche *Hallo* an den Busfahrer. Sammle alle positiven Zettel in einem großen Glas, welches von nun an jeden Tag voller wird. Wenn du einmal in einem Tief hängst, wird dich das Lesen einiger Zettel stärken.

Zusätzlich hilft es, wenn wir uns selbst häufig an unsere positive Seite erinnern. Hänge dazu einen kleinen Zettel in deiner Wohnung oder im Auto auf, zum Beispiel mit dem Satz *Ich bin gut genug*. Wiederholung ist dabei hilfreich, denn unser Verstand mag alles, was vertraut und bekannt ist. Das bedeutet für ihn Sicherheit. Je öfter du das siehst und liest, desto tiefer dringt es in dein Unterbewusstsein ein. Ist von diesen Impulsen und Übungen etwas für dich dabei? Den Selbstwert zu stärken, ist wie ein Muskeltraining: Übung macht den Meister. Damit wir diese innere Überzeugung tatsächlich gewinnen, benötigen wir demnach Wiederholung, Wiederholung, Wiederholung.

*»Wenn du etwas ganz fest willst,
dann wird das Universum darauf hinwirken,
dass du es erreichen kannst.«*

PAULO COELHO

AUFGABE

Eine größere Zeitperspektive

Zum Abschluss dieser Woche gibt es noch eine etwas andere Aufgabe für dich. Bereit? Wir alle sind vielleicht 80 oder 90 Jahre hier auf der Erde. Welche Bedeutung haben dabei einige Wochen voller Schmerzen? Selbst wenn wir diese langfristige Perspektive einnehmen, verringert sich dadurch nicht der Schmerz, das ist wahr. Doch die Bewertung und die Angst vor der Zukunft können sich verändern. Zu sehen, dass es nur ein kleiner Ausschnitt eines gesamten vielfältigen Lebens ist, kann uns Erleichterung verschaffen, sodass die aktuellen Herausforderungen häufiger kleiner und unbedeutender erscheinen.

Versetze dich in deine Lage in 15 Jahren. Bist du heute 40 Jahre alt, stelle dir dich demzufolge mit 55 Jahren vor. Schreibe aus der Perspektive dieses älteren *Ichs* einen Brief an dein heutiges *Ich*. Was würde dieses erfahrenere *Ich* dir alles sagen, welche Ratschläge oder Weisheiten hält es für dich bereit?

Liebe/r ________________ von heute, mir ist wichtig, dir diese Zeilen zu schreiben, denn ich sehe, wie du gerade mit der Trennung zu kämpfen hast. Mir ist vor allem wichtig, dir zu sagen, dass …

____

____

____

____

____

____

____

REFLEXION

Wie ging es mir in Woche 10?

Fülle zum Abschluss dieser Woche aus, wie die letzten 7 Tage für dich waren.

1. Wie ich die letzte Woche in einem Satz beschreibe …

____

____

____

2. Das Beste, was ich diese Woche gemacht habe …

____

____

____

3. Mein Bedürfnis, meinen Ex-Partner in der letzten Woche zurückzugewinnen, war ...
   ☐ sehr groß ☐ groß ☐ etwas ☐ gering ☐ nicht vorhanden

4. Was ich im Rückblick auf diese Woche meinem Ex-Partner alles sagen würde …

____

____

____

5. Warum es sich gelohnt hat, in der letzten Woche zu leben …

____

____

____

6. Was ich mir für die nächste Woche vornehme …

____

____

____

Woche 11: Den Ex-Partner loslassen

Wenn das Loslassen im Leben im Allgemeinen doch nur so einfach wäre. Wir hängen häufig innerlich noch an etwas, was im Außen längst vorbei ist. Sei es der Verlust unserer Katze als Kind, der Umzug des besten Freundes im Jugendalter oder der geliebte VW-Bus, der einen Motorschaden hatte. Das ungewollte Ende einer Beziehung ist dabei eine der tief greifendsten Herausforderungen.

Vielleicht ist Loslassen auch nicht immer der passende Begriff. Vielmehr geht es ums Verwandeln. Denn wir können unseren Ex-Partner trotz Trennung weiter lieben oder schätzen und ihm einen Platz in unserem Herzen geben. Das sollte niemand loslassen müssen. Dagegen hilft es, sich von dem Wunsch zu lösen, dass er uns auch noch liebt. Diese Differenzierung ist wichtig. Der Loslassprozess ist dabei nicht linear, und wir haken die Punkte nicht ab wie eine Checkliste. Meist braucht dieser Prozess Monate bis Jahre. Doch wir können ihn beeinflussen, wenn wir uns aktiv damit auseinandersetzen. Als grobe Regel bedarf es auf dem Weg zum Loslassen bestimmte Schritte, auf welche wir im Folgenden im Detail eingehen:

- Die Idealisierung beenden
- Die Hoffnung loslassen und den Lebenstraum behalten
- Den Groll rauslassen
- Den Verstand befriedigen
- Den Partner verabschieden

Die Idealisierung beenden

Häufig glorifizieren wir den Ex-Partner und stellen ihn auf ein Podest. Wir machen ihn in unseren Gedanken zu jemand anderem, als er in Wirklichkeit war. Ebenso sehen wir die Beziehung oft in einem perfekten Licht und erkennen die negativen Dinge nicht.

Wir idealisieren die Partnerschaft

Während wir Liebeskummer haben, erinnern wir uns häufig an die tollen Sachen: wie wir uns damals in unseren Partner verliebt haben, an den ersten Kuss oder den ersten gemeinsamen Urlaub. Diese Erinnerungen sind nicht per se schlecht. Wenn wir die Trennung überwunden haben, dann können wir diese in und mit uns tragen und uns über die Erlebnisse freuen. Doch bis dahin liegt noch ein Weg vor uns, und die schönen und idealisierten Erinnerungen erschweren es im aktuellen Trennungsprozess, unseren Ex-Partner loszulassen.

AUFGABE

Dein Zufriedenheitslevel während der Beziehung

Trage im folgenden Diagramm ein, wie sich deine Zufriedenheit mit der Beziehung während der gesamten Partnerschaft entwickelt hat. Markiere auch besondere Ereignisse auf deiner Linie, und benenne sie entsprechend.

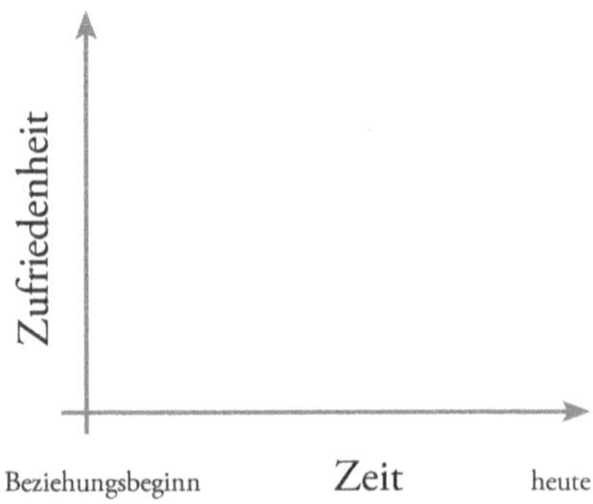

Wir idealisieren unseren Ex-Partner

Unserem Verstand gelingt es im Liebesschmerz erstaunlich leicht, eine rosarote Brille aufzusetzen. Wir idealisieren unseren Ex-Partner und denken an die schönen Momente oder liebevollen Worte. Der ehemalige Partner erscheint meist im besten Licht. All die Schwierigkeiten und Schattenseiten verdrängen wir. Wenn du von deinem Ex-Partner betrogen wurdest und er sich anschließend von dir getrennt hat oder euer Beziehungsende anderweitig eine Katastrophe war, dann kann deine Reaktion auch anders ausfallen. Falls wir jedoch diese *Idealisierungsbrille* tragen, wird uns Heilung weitaus schwerer gelingen, denn der Verlust wird unnötigerweise noch größer und schmerzhafter. Die folgende Übung hat sich dafür bewährt.

AUFGABE

Die Partnerglorifizierung

Manche Menschen erinnern sich vor allem an die Schokoladen- und andere hauptsächlich an die Schattenseiten des Ex-Partners. Der Fokus verändert sich oft auch im Lauf der Trennungsverarbeitung.

Lass uns hier auf die Schattenseiten blicken. Schreibe alles auf, was für dich in der Partnerschaft nicht gut war: alle Erinnerungen an zermürbende Konflikte, unmögliche Eigenschaften des Partners, böse Worte, nicht eingehaltene Versprechen oder so etwas Banales wie Mundgeruch. Suche für jeden Buchstaben mindestens eine Eigenschaft oder Verhaltensweise mit dem entsprechenden Anfangsbuchstaben.

A ______________________________

B ______________________________

C ______________________________

D ______________________________

E ______________________________

F ___

G ___

H ___

I ___

J ___

K ___

L ___

M ___

N ___

O ___

P ___

Q ___

R ___

S ___

T ___

U ___

V ___

W ___

X ___

Y ___

Z ___

Sobald dein Verstand irgendwann in der Zukunft die Idealisierungsbrille aufsetzt, erinnere dich an diese Liste. Mache beispielsweise ein Foto davon, und speichere es in deinem Smartphone. Lies die Punkte durch – auch wenn du sie bereits auswendig kennst. Sei mit voller Aufmerksamkeit bei der Auflistung.

Je mehr du dich mit all deinen Sinnen an diese Erfahrungen erinnerst, desto nachhaltiger wird diese Übung sein. Dieser Realitätscheck unterstützt dich dabei, das Bild des vermeintlich perfekten Partners und der vermeintlich perfekten Beziehung abzugeben – und das Reale zu sehen.

Die Hoffnung loslassen und den Lebenstraum behalten

Wir bleiben innerlich oft an unserem Ex-Partner kleben, da ein Teil in uns auf einen Neubeginn hofft. Es fühlt sich häufig so an, als ob wir gar nichts dagegen machen könnten. Darüber hinaus haben wir die bewusste oder unbewusste Sorge, dass wir unseren Lebenstraum begraben müssen, wenn wir unseren Ex-Partner ziehen lassen.

Die Hoffnung loslassen

Auf die Rückkehr des Ex-Partners zu hoffen ist wie eine Scherbe im Fuß: Jeder Schritt tut weh, eine Heilung ist nahezu unmöglich. Beim Herausziehen der Scherbe schmerzt und blutet es kurz, doch erst dann kann die Wundheilung beginnen. Dieser Schritt ist meist die Voraussetzung, um den Verlust zu spüren und zur Trauer zu gelangen. Das Hoffen und Bangen hält uns dagegen in der Vergangenheit und im Wartemodus gefangen und belastet unser gebrochenes Herz unnötig noch mehr. Aus dem Hoffnungsmodus gelangen wir, wenn wir die Trennung mehr und mehr akzeptieren, unsere Gefühle ausdrücken und uns immer wieder bewusst machen: »Ja, es ist vorbei.«

Solange du noch Hoffnung auf ein Happy End mit deinem Ex-Partner hast, bleibst du mit ihm noch verbunden – zumindest einseitig. Damit schützt du dein Herz, denn es besteht für dich keine Gefahr, der Trauer zu begegnen, weil die Hoffnung sich noch erfüllen könnte ... Leider erkennen wir diesen Mechanismus bei uns selbst nur schwer und müssen uns diesen Hoffnungsmechanismus immer wieder verdeutlichen.

AUFGABE

Die Hoffnung loslassen

Schreibe den folgenden Satz auf: *Ja, es ist vorbei. Auch wenn es wehtut und mein Herz etwas anderes möchte, akzeptiere ich die Trennung. Wenn meine Hoffnung anklopft oder meine Sehnsucht aufsteigt, mache ich mir im gleichen Augenblick bewusst, dass es wirklich vorbei ist. Das akzeptiere ich.*

____

____

____

____

____

____

____

Wie geht es dir, wenn du diesen oder einen ähnlichen Satz aufschreibst? Nimm wahr, was diese Gedanken mit dir machen, und lass die Reaktion zu.

Den Lebenstraum beibehalten

Unser Ex-Partner ist häufig eng mit unserem Lebenstraum verbunden. Ob wie im Klischee mit glücklicher Familie, Reihenhaus, zwei gesunden Kindern sowie einem Grillfest am Wochenende mit Freunden und Kindergeschrei auf der Schaukel – oder nach deiner eigenen Vorstellung. Wenn wir verlassen wurden, haben wir den Eindruck, dass der Traum dadurch für immer gestorben ist. Doch er stirbt nicht durch die Trennung! Was gestorben ist, ist nur der Traum, ihn mit diesem Menschen zu leben. In dir kann er weiterleben, und ob er sich mit jemand anderem erfüllt, hast du in der Hand und nicht dein Ex-Partner.

Es ist dein Traum,
versuche, ihn dir nicht durch diese
Erfahrung nehmen zu lassen.

Ein weiterer Perspektivenwechsel kann uns zudem helfen: Wir haben nicht unseren Seelen- oder Liebespartner verloren, sondern es hat sich herausgestellt, dass es nicht der Liebespartner unseres Lebens war. Denn wenn er es tatsächlich gewesen wäre, wäre er ja noch da. Diese neue Bewertung kann zugleich enttäuschend als auch erleichternd sein. Auf jeden Fall ermöglicht sie uns, besser loszulassen. Wenn du diesem Gedanken nachgehst, beobachte einmal, was er in dir auslöst – neben einem möglichen Widerstand. Ich kann mir gut vorstellen, dass sich vielerlei Gefühle in dir zeigen. Vielleicht Enttäuschung oder Traurigkeit. Wenn das im Moment so ist, lege das Buch kurz zur Seite, und lass zu, was ist, ohne es zu verändern.

AUFGABE

Den Lebenstraum am Leben erhalten

Schreibe in einem Satz auf, was durch die Trennung nicht gestorben ist. Zum Beispiel: *Auch wenn diese Beziehung vorbei ist, mein Traum einer erfüllenden Partnerschaft ist und bleibt am Leben. Ich werde diesen Traum verfolgen, und er wird wahr werden.*

____

____

____

____

____

____

Den Groll rauslassen

Ein weiterer wichtiger Schritt auf dem Weg, den Partner wirklich in unserem Inneren loszulassen, besteht darin, unsere Gefühle auszudrücken. Es gilt, die Enttäuschung auszudrücken, zu trauern, zu heulen und alles rauszulassen, was sich deine Gefühlswelt noch wünscht. Häufig verhindern insbesondere Wut und Groll das Loslassen. Auch wenn es widersprüchlich klingt, können wir neben der Idealisierung des Ex-Partners zudem unglaublich wütend auf ihn sein. Wenn wir unserem Ex-Partner noch etwas übel nehmen, können wir ihn nicht wirklich loslassen. Groll bindet uns an ihn und verhindert unsere eigene Heilung. Dieser unausgedrückte Ärger muss raus! Wenn das bei dir der Fall ist, finde die Vorwürfe an deinen Ex-Partner und einen Weg, diese auszudrücken. Eine Idee findest du in der folgenden Übung.

AUFGABE

Den Groll rauslassen

Um Wut, Groll und Vorwürfe wirklich aus uns herauszubekommen, brauchen wir unseren ganzen Körper, denn in ihm stecken all diese Gefühle. Fahre beispielsweise in einen Wald, in dem wenige andere Menschen sind, und schreie alle Vorwürfe, die noch in dir sind, raus. An deinen Ex-Partner, das blöde Leben im Allgemeinen oder an andere Menschen. Das hat eine unglaublich klärende Wirkung. Das ist dir zu blöd? Dann nimm ein Kissen, und schreie alles in dieses Kissen. Oder schreibe alles auf ein Blatt Papier und verbrenne es anschließend, oder zerstöre es anderweitig.

Wenn du feststellst, dass noch viele Vorwürfe an deinen Partner in dir sind, lies nochmals das Kapitel von Woche 6 mit dem Thema »Wut« und wiederhole die Übungen darin.

Noch ein Gedanke zum Abschluss dieses Themas: Kannst du dir selbst verzeihen? Wenn nicht, dann passiert es häufig, dass wir diese Schuld unbewusst auf unseren Ex-Partner projizieren. Diesem übertragen wir dann einen großen Berg an Schuld, der uns selbst am Loslassen hindert. In diesem Fall geht es darum, dass du lernst, dir selbst zu vergeben und zu verzeihen. Im nächsten Atemzug gelingt es uns dann meist auch mit dem Ex-Partner. Weitere Gedanken dazu findest du im Kapitel von Woche 8.

Den Verstand befriedigen

Unser Verstand spielt eine wichtige Rolle beim innerlichen Loslassen des Ex-Partners. Einerseits mit den sogenannten *Wenn-dann-Fragen* und andererseits mit allen ungeklärten oder offenen Themen ihm gegenüber. Das ist Thema dieses Abschnittes.

Die Wenn-dann-Falle

Es gibt eine Falle unseres Gehirns, welche häufig verhindert, dass unser Verstand das Ende tatsächlich akzeptiert. Er fragt sich häufig tausendmal: *Was wäre, wenn ich mich doch nur mehr bemüht hätte? Wenn ich doch diesen einen blöden Satz vor der Trennung nicht gesagt hätte. Was wäre, wenn mein Ex-Partner an mich denkt, sich aber nicht traut, mich zu kontaktieren …*

In dieser Gedankenfalle, mit den Tausenden Möglichkeiten an *Was-wäre-wenn-Fragen* sitzen wir häufig. Unser Verstand kreiert andauernd alle möglichen und unmöglichen Fantasien, die unser Loslassen verhindert. Denn was wäre, wenn … Wenn du aufgrund dessen noch an deinem Ex-Partner hängst, probiere einmal die folgende Übung.

AUFGABE

Deine Was-wäre-wenn-Fragen

Welche *Was-wäre-wenn*-Fragen sind in deinem Kopf am häufigsten vorhanden? Schreibe dir all diese Fragen auf.

Was wäre, wenn …

Nehmen wir an, dieses *Wenn* wird garantiert nie stattfinden. Was wäre dann? Was würdest du anders machen in deinem Leben, welche Konsequenz hätte das für dich?

In manchen Fällen ist es wichtig, dieses *Wenn* zu überprüfen und mit dem Ex-Partner in Kontakt zu gehen, dazu kommen wir nun.

Das Ungeklärte

Häufig hängen wir noch an unserem Ex-Partner, weil wir noch Fragen an ihn haben. Erst wenn wir diese beantwortet oder losgelassen haben, gelingt es uns auch, den Menschen loszulassen. Der Verstand lässt uns solange keine Ruhe. Für viele Verlassene ist nach dem Beziehungsende einer der wichtigen Aspekte, sich noch einmal mit dem Ex-Partner auszutauschen, um Fragen zu stellen, Antworten oder mehr Verständnis für die Trennungsgründe zu erhalten.

Wenn deine Trennung bereits länger als zwei bis drei Monate zurückliegt, du keine Beziehung mehr mit ihm eingehen möchtest und es nur an diesen Fragen liegt, kann es hilfreich sein, den Kontakt zu deinem Ex-Partner zu suchen. Dieser Austausch kann heilsam sein – jedoch auch alles erneut aufwühlen. Daher hängt es davon ab, wie lange die Trennung her ist, wie sie abgelaufen ist und wie weit du dich bereits deinen Gefühlen gestellt und sie gefühlt hast. Die Kontaktaufnahme ist zumindest ein Versuch wert, damit dein Verstand Antworten erhält.

AUFGABE

Das Gespräch mit dem Ex-Partner

Wenn beide Seiten offen für ein Gespräch sind, mache dir vorher bewusst, was du dir davon erwartest. Diese Klarheit zu finden hilft dir dabei, dich gut vorzubereiten, und kann vor Enttäuschungen und unrealistischen Vorstellungen schützen. Wie kannst du dich vorbereiten? Es geht um deine Fragen und Aussagen.

Was möchtest du von deinem Ex-Partner wissen? Häufig hat es sich bewährt, wenn du dir deine drei wichtigsten Fragen für das Gespräch zusammenträgst und einprägst. Überlege dir am besten auch, welche Erwartungen du an den Austausch hast und was du machst, wenn diese – aus welchen Gründen auch immer – nicht erfüllt werden.

Was möchtest du deinem Ex-Partner alles noch sagen? Als hilfreich hat es sich erwiesen, deine Aussagen nicht als Vorwürfe zu formulieren, sondern von deinem Erleben und deinen Gefühlen zu berichten. Anstatt etwa zu sagen: *Du hast mich so verletzt und wegen dir ging es mir schlecht*, wäre eine vorwurfsfreie Möglichkeit, deinem Ex-Partner zu sagen, dass du nach der Trennung in ein großes Loch gefallen bist. Diese sogenannte gewaltfreie Kommunikation ist eine hohe Kunst und bedarf vieler Reflexion und vor allem geklärter Emotionen.

Schreibe im Folgenden auf, was du deinem Ex-Partner noch alles sagen möchtest. Unabhängig davon, ob du wirklich mit ihm sprechen wirst.

Vielleicht ist dein Ex-Partner bereit für ein Gespräch mit dir, und deine Vorbereitung mit den Fragen und Aussagen hilft dir, einen kühlen Kopf zu bewahren und dir realistische Vorstellungen über das Gespräch zu machen. Im besten Fall gibt sich dein Verstand mit den Antworten zufrieden und ermöglicht dir dann das Loslassen. Im schlechtesten Fall wird kein Gespräch möglich sein, oder die Antworten sind unbefriedigend. Danach gilt es für dich, einen Weg zu finden, das zu akzeptieren. Lies dann am besten nochmals die Abschnitte zur Annahme und dem Akzeptieren in Woche 2 durch.

Unser Verstand ist zudem immer auf der Suche nach Antworten auf die Frage: *Warum hat er sich (wirklich) getrennt?* Eine finale Antwort werden wir häufig nicht finden, weil sich unser Partner manchmal auch nicht ganz klar darüber ist. Da es sehr viele mögliche Antworten gibt, würde es den Rahmen in diesem Buch sprengen.

Psychologische Hintergründe und Erklärungen dazu findest du in meinem ersten Trennungsratgeber: »Trennung überwinden: Der Weg vom Liebeskummer zur Lebensfreude.«

Von der Bindung zum Ex-Partner befreien

Jeder Mensch benötigt andere Schritte, um sich vom Ex-Partner verabschieden zu können. Die folgenden Schritte können dich dabei unterstützen, ihn Stück für Stück in Frieden loszulassen.

Das, was kommen wird,
wird besser sein, als das, was war.

Dem Ex-Partner vergeben

Schuld ist neben Liebe und Hass eine der drei Bindungskräfte in Partnerschaften und anderen zwischenmenschlichen Begegnungen. Solange noch Schuldvorwürfe vorhanden sind, sind wir noch emotional an den Ex-Partner gebunden. Sobald wir ihm mehr und mehr vergeben können, desto leichter wird unser eigenes Leben. Wir warten nicht mehr darauf, dass er zu uns kommt und uns »rettet«, weil wir verstanden haben, dass wir das nur selbst machen können.

Je mehr wir Verantwortung übernehmen, desto weniger ist unser Ex-Partner schuld. Als Konsequenz geschieht etwas Heilsames und Hilfreiches: Wir können ihm mehr und mehr vergeben: für sein Verhalten, seine Fehler und seine Entscheidung, die Beziehung zu beenden. Dieser Schritt ist meist nicht mit einem Mal getan und benötigt, wie schon Martin Luther King sagte, Zeit:

»Vergebung ist keine einmalige Sache,
Vergebung ist ein Lebensstil.«

Den Ex-Partner verabschieden

Eine weitere Möglichkeit auf dem Weg des Loslösens ist ein bewusster Abschied vom Ex-Partner. Beim Abschied geht es nicht darum, dass dein Ex-Partner anwesend ist. Wichtig ist es, dass es in deinem Inneren, in deinem Herzen geschieht. Das Loslassen ist demnach im besten Fall auch ein Abschied. Wenn wir uns von etwas verabschieden, dann haben wir die Trennung akzeptiert. Wenn wir das auch lange Zeit nach der Trennung nicht möchten oder es uns nicht gelingt, blockieren wir uns selbst damit.

Was wir festhalten, hält uns fest!

Die folgende Übung hat sich dazu besonders bewährt. Damit sie auch wirklich wirken kann, nimm dir ausreichend Zeit dafür.

AUFGABE

Einen Abschiedsbrief schreiben

Schreibe an deinen Ex-Partner einen Brief zum Abschied. Er soll wie bei den vorherigen Briefen ausschließlich für dich bestimmt sein. Du kannst dich dabei an den folgenden Zeilen orientieren.

Schweren Herzens nehme ich Abschied von dir, weil …

____

____

____

____

____

Leichten Herzens nehme ich Abschied von dir, weil …

Eine weitere Möglichkeit, wie du den Brief schreiben kannst: *Was war das Schöne und Einmalige in der Beziehung? Über was habe ich mich am meisten geärgert? Wofür bin ich dankbar, und was ehre ich?* Nenne dabei jeweils konkrete Situationen. Du kannst natürlich auch einen freien Brief schreiben, ohne die Ideen von mir zu nutzen.

Überlege dir anschließend, was du mit diesem Abschiedsbrief machen möchtest? Vergraben, verbrennen, aufbewahren …? Finde die für dich passenden Worte.

Den Ex-Partner freisprechen

Deinen Partner freizusprechen ist der nächste Schritt. Wenn es sich für dich schon gut anfühlt, dann kannst du das im Anschluss an den Abschiedsbrief machen. Oder lass dir Zeit, und befasse dich mit dem Freisprechen in einigen Tagen oder Wochen. Freisprechen wird dabei im therapeutischen Kontext die innere Haltung genannt, den Ex-Partner für einen neuen Partner freizugeben.

AUFGABE

Deinen Partner freisprechen

Wie kannst du deinen Ex-Partner freisprechen? Der folgende Text stammt aus einer Fortbildung, welche ich beim Institut für Fort- und Weiterbildung in München gemacht habe. Diese Worte an dem Ort eures Kennenlernens auszusprechen, kann eine noch tiefere Wirkung haben. Wichtig ist, dass du die Worte – wo auch immer – laut aussprichst.

»Ich lasse dich los und bin mit dir nicht mehr als Partner verbunden. Wenn ich möchte, kann ich neu wählen und mich mit einem anderen Menschen verbinden, und ich brauche dann keine Rücksicht auf dich nehmen. Wenn du willst, kannst du neu wählen und dich mit einem anderen Menschen verbinden und brauchst dabei keine Rücksicht auf mich nehmen.«

Wie geht es dir mit diesen Schritten des Loslassens und Verabschiedens? Deine emotionale Reaktion auf diese nochmals tiefe und intensive Beschäftigung mit der Beziehung ist ein guter Maßstab, wie weit du deinen Ex-Partner tatsächlich losgelassen hast. Dieses Loslassen ist ein individueller Prozess für jeden von uns. Nimm dir demnach die Zeit, um die für dich wichtigen Schritte zu gehen. Druck und Eile sind hier fehl am Platz und verhindern es vielmehr. Solltest du trotz intensiver Arbeit mit diesen Aspekten langfristig gesehen nicht weiterkommen, suche dir am besten professionelle Begleitung. Häufig profitieren wir in diesem Fall von einem Dritten, der einen anderen Blickwinkel und andere Erfahrungen mit dem Thema der Trennung hat.

Kleine Rituale zum Loslassen

Es gibt einige hilfreiche Abschiedsrituale, um dich von deinem Ex-Partner zu verabschieden:

Abgabe: Spende Geschenke, die du von deinem Ex-Partner erhalten hast und welche dich heute immer wieder an ihn erinnern, für eine gute Sache, oder verschenke sie anderweitig.

Ehering: Wenn du verheiratet warst, finde einen passenden Ort für deinen Ehering. Beispielsweise kannst du ihn einschmelzen und etwas Neues daraus kreieren, ihn im Meer versenken ...

Loslassen: Nimm einen Gegenstand, den du mit deinem Ex-Partner verbindest, einen Brief, den du an ihn geschrieben hast, oder ein Symbol eurer Partnerschaft. Anschließend lässt du diesen los. Zum Beispiel verbrennst du ihn, versenkst ihn im Wasser, schickst ihn auf einem Schiffchen auf unbekannte Reise oder mit einem Luftballon in den Himmel.

»Da Vergänglichkeit für uns
gleichbedeutend ist mit Schmerz,
klammern wir uns verzweifelt an die Dinge,
obwohl sie sich ständig ändern.
Wir haben Angst loszulassen,
wir haben Angst, wirklich zu leben,
weil leben lernen loslassen lernen bedeutet.

Es liegt eine tragische Komik in unserem Festhalten:
Es ist nicht nur vergeblich,
sondern es beschert uns genau den Schmerz,
den wir um jeden Preis vermeiden wollten.«

SOGYAL RINPOCHE

REFLEXION

Wie ging es mir in Woche 11?

Fülle zum Abschluss dieser Woche aus, wie die letzten 7 Tage für dich waren.

1. Wie ich die letzte Woche in einem Satz beschreibe …

2. Das Beste, was ich diese Woche gemacht habe …

3. Mein Bedürfnis, meinen Ex-Partner in der letzten Woche zurückzugewinnen, war ...
   ☐ sehr groß ☐ groß ☐ etwas ☐ gering ☐ nicht vorhanden

4. Was ich im Rückblick auf diese Woche meinem Ex-Partner alles sagen würde …

5. Warum es sich gelohnt hat, in der letzten Woche zu leben …

6. Was ich mir für die nächste Woche vornehme …

Woche 12: Das Gute der Trennung erkennen

Das Ende einer Liebesbeziehung hat nicht nur schwere und herausfordernde Seiten. Denn eine Trennung ermöglicht uns auch unfassbar vieles – was im anfänglichen Gefühlschaos kaum vorstellbar ist. Es geht darum, was durch das Beziehungsende erst alles für uns möglich wird: statt nur den Verlust zu sehen, eben auch zu erkennen, was Gutes, Neues, Aufregendes und Schönes dadurch entstehen kann. Für unsere persönliche Entwicklung wie auch für unseren zukünftigen Lebensweg.

Dieses Kapitel ist für alle Menschen geschrieben, die etwas aus der Trennung lernen und für ihr zukünftiges Leben mitnehmen möchten. Nach meiner Erfahrung wirst du am meisten von diesen Gedanken profitieren, wenn du die ersten beiden Trennungsphasen überwunden hast und wieder festeren Boden unter den Füßen spürst. Denn zunächst ist es wichtig zu trauern und die Gefühle nicht zu unterdrücken. Doch nach gewisser Zeit – häufig nach Monaten oder Jahren – wird vielen Menschen bewusst, dass die Trennung oder Scheidung auch ihr Gutes hat, und sie erkennen nun einen Sinn darin.

Dabei möchte ich dich in diesem Kapitel und den zwei folgenden Abschnitten begleiten:

- Deine Entwicklungsaufgaben durch die Trennung
- Deine neu entwickelten Ressourcen

Deine Entwicklungsaufgaben durch die Trennung

Niemand möchte gern Schmerzen spüren, ob seelische oder körperliche. Wir alle wünschen uns Zufriedenheit, Gesundheit und Liebe. Doch das Leben besteht aus Entwicklung. Wenn wir das Wort Entwicklung genauer betrachten, heißt es nichts anderes, als uns zu *ent-wickeln*, uns folglich aus etwas *heraus-zu-wickeln*, in dem wir bislang gesteckt haben.

Diese Entwicklung kann auf verschiedene Art und Weise geschehen. Wir können uns durch Schmerz oder durch Einsicht entwickeln. Die meisten Menschen entwickeln sich durch schmerzhafte Ereignisse, wie Trennungen, Kündigungen, materielle Verluste, Krankheiten oder den Tod eines geliebten Menschen. Also immer dann, wenn plötzlich etwas weg ist, was wir gern noch haben wollten, wie den Partner, den Job, das Haus oder die Gesundheit. Diese Krisen zwingen uns dann, uns mit der Entwicklungsaufgabe auseinanderzusetzen. Das ist der unfreiwillige und doch häufig beschrittene Weg.

Wenn wir die kleinen Hinweise für Entwicklungsaufgaben nicht wahrgenommen haben, werden sie größer, bis wir ihnen nicht mehr ausweichen können. Schmerzen sind dabei in allen Lebensbereichen ein Hinweis darauf, dass wir wachsen. Ein anschauliches Beispiel ist das Zahnen bei Kleinkindern, das meist mit erheblichen Schmerzen verbunden ist und zugleich Kindern neue Möglichkeiten eröffnet. Das Gleiche gilt bei seelischen Schmerzen, die zu neuen Einsichten oder Weisheiten führen.

Manche Menschen gehen darüber hinaus den zweiten Weg. Sie möchten sich entwickeln und lernen. Lernen aus Einsicht und Bewusstwerdung, durch das Annehmen von neuen Sichtweisen, durch Selbstreflexion, innere Arbeit und Übung. Sie stellen sich den Aufgaben in Partnerschaften und im Leben und achten auf die kleinen Hinweise.

Die Metamorphose eines Schmetterlings

Eine häufig genannte Parallele einer Lebenskrise ist die Metamorphose eines Schmetterlings. Er durchlebt dabei vier Entwicklungsstadien: vom Ei zur Raupe, zur Puppe und schließlich zum Schmetterling. In diesem Verwandlungsprozess löst sich die Raupe für eine Zeit lang vollständig in ihre Bestandteile auf. Wenn wir den Kokon öffnen, würden wir nur ein schleimiges Gemisch sehen und kaum glauben, dass daraus einmal ein Schmetterling entsteht.

Diese Metamorphose zeigt auf, dass manchmal etwas Altes gehen muss, bevor Platz für etwas Neues ist. Wie der Schmetterling grundlegend darauf vertraut, dass er selbst aus dem Schleim zum Falter wird, hilft uns selbst unser Vertrauen in unseren eigenen Verwandlungsprozess.

Interessant ist, dass der Schmetterling sterben würde, wenn man die Raupe aus dem Kokon schneiden würde. Er muss sich selbst daraus befreien, um die Kraft zu entwickeln, die er später zum Fliegen benötigt. Somit kann ein Zusammenbruch nach einer Trennung die beste Basis für ein neues zufriedeneres und authentischeres Leben sein.

»Alle Hindernisse und Schwierigkeiten sind Stufen, auf denen wir in die Höhe steigen.«

FRIEDRICH NIETZSCHE

Stellen wir uns einmal vor, dass die Trennung zu unserem Guten wäre und verschiedene Lernaufgaben und Erkenntnisse für uns bereithielte. Einmal angenommen, das wäre tatsächlich so, wie wäre deine Antwort auf diese Frage: »Was ist der Sinn deiner Trennung?«

Geht es vielleicht darum, eine ungesunde Abhängigkeit vom Partner zu erkennen und wieder selbstständiger zu werden? Oder geht es darum, frei zu sein und sich in der Partnerschaft nicht mehr verbiegen zu müssen? Oder endlich dein Leben zu leben? Meistens, so meine Erfahrung, liegt der Sinn im Lernen, Verstehen und Entwickeln. Auf diese Aspekte blicken wir nun im Detail.

Was du über dich selbst lernen kannst

Selbstverantwortung ist wesentlich, um die Trennung verarbeiten und etwas daraus lernen zu können. Es ist nicht leicht, sich ehrlich im Spiegel anzublicken, dort seine eigenen Schwächen zu sehen und sich diese einzugestehen. Ziel ist es nicht, dass wir uns für unsere Schattenseiten schämen und uns niedermachen. Vielmehr, dass wir sie kennen und annehmen lernen und wenn wir möchten verwandeln.

»Jede schwierige Situation, die du jetzt meisterst, bleibt dir in der Zukunft erspart.«

DALAI LAMA

Folgende Fragen können dir dabei weiterhelfen:

AUFGABE

Deine Anteile

Was ist dein Anteil an der Trennung, was hast du dazu beigetragen? Was hast du während der Partnerschaft versäumt? Was wolltest du vielleicht nicht sehen oder wahrhaben und hast es unter den Teppich gekehrt? Helfen können dir frühere Aussagen deines Ex-Partners, Selbsterkenntnisse, ehrliche Gespräche mit Freunden oder eine Beratung und Therapie.

Diese Fragen gelten auch andersherum: Was ist der Anteil deines Ex-Partners, und was hat er versäumt zu tun? Diese kannst du dir ebenfalls aufschreiben. Vor allem aber wirst du davon profitieren, wenn du deinen eigenen Anteil erkennst.

AUFGABE

Deine Verantwortung

Bist du bereit, die Verantwortung für deinen Anteil zu übernehmen und zu sagen *Ja, das geht auf meine Kappe? Wenn ich es damals bereits gewusst hätte, hätte ich es anders gemacht, doch das habe ich erst jetzt verstanden.* Oder kommt gleich eine Ausrede oder ein Aber, warum du so gehandelt hast?

Bist du bereit, die Verantwortung für deinen Teil zu übernehmen, und wenn ja, was siehst du als deinen Anteil für die Trennung an?

____

____

____

Blicken wir noch auf eine andere Perspektive auf diese Fragestellung: Was hast du dazu beigetragen, dass sich dein Ex-Partner genau so verhalten hat? Wie hast du ihn dort hingebracht? Etwa, indem du ihn verändern wolltest – ob mit bewussten oder unbewussten Verhaltensweisen – und er mit der Zeit den Eindruck bekam, dass du ihn/sie nicht annimmst, wie er/sie ist?

____

____

____

Die Fragen gelten ebenfalls andersherum: Kannst du die 50-prozentige Verantwortung deines Ex-Partners bei ihm lassen, oder nimmst du davon etwas zu dir? Und: Was hat dein ehemaliger Partner dazu beigetragen, dass du dich verhalten hast, wie du dich verhalten hast?

AUFGABE

Deine Wiederholungen

Mit einer ähnlichen Frage haben wir uns bereits in Woche 5 befasst. Nimm dir Zeit, dein Verhalten, den Beziehungsverlauf, die Konfliktthemen und das Beziehungsende deiner Partnerschaften zu reflektieren: Kennst du ähnliche Verhaltensweisen von dir aus vorherigen Beziehungen? Welche Gemeinsamkeiten werden deutlich? Was war für dich immer schon schwierig?

____

____

____

____

Welche Veränderungswünsche hast du von deinen Partnern gehört, und welche hast du geäußert?

____

____

____

____

Wiederholungen sind stets ein Hinweis, dass es mehr mit uns als mit anderen Menschen zu tun hat. Uns ihrer bewusst zu werden, kann uns helfen, uns damit zu befassen und sie zu verändern – wenn wir bereit dazu sind.

Zum Sinn von Lebenskrisen habe ich vor Jahren »Die vier Weisheiten« gefunden. Dieser Text passt gut zur Sinnfrage einer Trennung und kann uns zudem Trost schenken.

Du findest ihn auf meiner Webseite:
wielandstolzenburg.de/liebeskummer-buch

AUFGABE

Dein Selbstbetrug

Wovor hast du in der Partnerschaft die Augen verschlossen? Wir reflektieren uns selbst und erkennen vielleicht, dass wir uns in der Beziehung selbst angelogen haben, weil wir den Tatsachen nicht ins Auge blicken wollten. Beispielsweise haben wir versucht, unserem ehemaligen Partner alles recht zu machen, haben uns selbst aufgegeben und uns für unsere Bedürfnisse nicht mehr eingesetzt. Gab es da bei dir etwas?

Hast du dir die Zeit genommen, die Fragen zu beantworten? Wie geht es dir damit? Tausche dich auch gern darüber mit guten Freunden oder Familienmitgliedern aus.

Was Gutes durch die Trennung entstanden ist

Direkt nach dem Beziehungsende fällt es uns schwer, das Gute an der Trennung zu sehen. Doch nach einem gewissen zeitlichen Abstand kann sich eine andere Perspektive eröffnen, nach dem Motto:

Ein weiser Mensch verwandelt sein Unglück in Glück.
Er sucht solange das Positive im Negativen
und ist nicht gegen die Umstände.

Wenn wir die Bewertung verändern und Krisen nicht als Fehler ansehen, sondern als etwas, was zu einem gelingenden Leben dazugehört, können wir die Trennung leichter annehmen und gelangen früher aus dem Schmerz. Im besten Fall lernen wir etwas und *ent-wickeln* uns.

AUFGABE

Positives gelernt

Schreibe dir zu jedem Buchstaben einen Satz oder einen Stichpunkt zu folgenden Themen auf: Welche neuen Fähigkeiten hast du erlernt, welche Stärken hast du hinzugewonnen, oder was hast du Neues über dich oder die Welt erkannt?

A ______________________________

B ______________________________

C ______________________________

D ______________________________

E ______________________________

F ______________________________

G ______________________________

H ______________________________

I ______________________________

J ______________________________

K ______________________________

L ______________________________

M ______________________________

N ______________________________

O ______________________________

P ______________________________

Q ______________________________

R ______________________________

S ______________________________

T ______________________________

U ______________________________

V ______________________________

W ______________________________

X ______________________________

Y ______________________________

Z ______________________________

*»Man kann einem Menschen nichts beibringen,
man kann ihm nur helfen, es in sich selbst zu entdecken.«*

GALILEO GALILEI

AUFGABE

Schönes ermöglicht

Was wird durch die Trennung für dich erst möglich? Vielleicht war dein Lebenstraum einer Motorradreise durch die Mongolei mit deinem Ex-Partner nicht möglich, Romantik- oder Science-Fiction-Filme wurden aus dem gemeinsamen Fernsehprogramm gestrichen, oder du warst in Norddeutschland gefangen und konntest nicht nach Regensburg ziehen?

Schreibe dir mindestens fünf Aspekte auf:

1. ______________________________
____
____

2. ______________________________
____
____

3. ______________________________
____
____

4. ______________________________
____
____

5. ______________________________
____
____

AUFGABE

Negatives verloren

Neben dem neuen Positiven gibt es auch Negatives, was wir verlieren. Was kannst du davon zurücklassen? Die aufdringliche Schwiegermutter, die ungemütliche gemeinsame Wohnung im Souterrain oder den Putzfimmel deines Ex-Partners?

Schreibe mindestens fünf Aspekte dazu auf:

1. ______________________________

____

____

2. ______________________________

____

____

3. ______________________________

____

____

4. ______________________________

____

____

5. ______________________________

____

____

Wie fühlt es sich an, dass auch Gutes daraus entstanden ist? Es hat sich bewährt, wenn du dich nach gewisser Zeit nochmals mit den Themen aus diesem Kapitel befasst. Lernen hört ja bekanntlich nie auf. Die Sichtweise, dass wir mit der Trennung nicht bestraft werden, sondern diese sich langfristig gesehen für uns zum Positiven entwickelt, kann uns folgende Haltung schenken:

Ja, das Leben traut mir zu, das durchzustehen.
Es möchte, dass ich wachse.
Das Leben ist für mich und nicht gegen mich.

Ein spiritueller Blick auf den Sinn einer Trennung

Viele Kulturen und Religionen glauben an Reinkarnation. Das bedeutet, dass wir zu verschiedenen Zeiten und in unterschiedlichen Körpern immer wieder auf die Welt kommen. Der Glaube an Reinkarnation unterscheidet sich in westlichen und östlichen Kulturen. In Indien ist Reinkarnation beispielsweise normal, und jedes Kind glaubt daran. Nach dieser Vorstellung nehmen wir bestimmte Charaktereigenschaften, Fähigkeiten, Phobien, Verletzungen oder ungelöste Aufgaben aus früheren Leben in eine neue Inkarnation mit. Unser Geist kann sich daran nicht erinnern, unsere Seele trägt dieses Wissen jedoch mit.

Diese Menschen glauben daran, dass sie sich bestimmte Aufgaben für ein Leben vornehmen und mit diesen dann konfrontiert werden, zum Beispiel mit einem schweren Verlust nach einer Trennung zurechtzukommen und dabei das Verzeihen zu lernen. Sie erklären sich den Sinn der vielen Leben damit, dass sie dadurch persönlich wachsen und viele verschiedene Erfahrungen auf der Erde machen können. Aus dieser spirituellen Perspektive ist das Leben ein wenig wie ein Spiel.

Wenn dich das Thema interessiert, kann ich dir das Buch von Carol Bowman empfehlen: »Mama, ich war schon einmal erwachsen! Kinder erinnern sich an frühere Leben.«

AUFGABE

Worte finden

In dem folgenden Buchstabensalat sind aufbauende Worte versteckt. Findest du alle neun?

Die Lösung findest du auf meiner Website: wielandstolzenburg.de/liebeskummer-buch

N	R	W	X	E	F	R	W	D	I	S	N	H	R	S
W	D	D	B	C	M	A	N	N	A	H	M	E	O	N
A	U	D	O	A	O	S	M	L	V	Z	O	B	L	U
C	D	C	E	N	E	J	X	O	W	V	W	P	S	O
H	K	F	F	R	E	I	H	E	I	T	D	D	E	B
S	B	C	V	I	S	Z	O	S	H	C	N	W	L	M
T	I	L	O	G	B	T	C	K	B	X	W	T	B	V
U	Q	I	F	R	E	U	D	E	K	O	S	X	S	F
M	D	I	W	T	D	S	P	E	V	D	I	C	T	M
H	H	V	O	I	C	Q	E	V	S	P	N	Y	L	V
V	E	R	T	R	A	U	E	N	Z	D	N	D	I	W
X	S	Y	L	B	Y	A	H	H	S	P	B	Y	E	F
V	W	V	H	O	F	F	N	U	N	G	O	Y	B	V
M	M	M	Z	S	Q	N	U	M	A	U	C	V	E	I
M	Y	G	J	U	H	U	C	B	K	S	P	N	T	T

Deine neu entwickelten Ressourcen

Wenn wir den Sinn der Trennung erkennen und unsere Lernaufgaben verstanden haben, kann sich unsere Bewertung der Trennung verändern. Durch all die schmerzhaften Momente zu gehen, die Wut rauszuschreien oder in tiefster Trauer zu versinken kostet viel Energie. Doch gerade diese Erfahrungen in unserem Leben lassen uns wachsen.

Wir erkennen uns selbst am besten,
wenn wir an unsere Grenzen gelangen.

Wir sind stärker geworden, kennen uns nun selbst besser und sind im besten Fall etwas weiser. In diesem Abschnitt befassen wir uns damit, welche Fähigkeiten du durch die Beziehung und deren Ende erlernen konntest und durftest.

Persönlichkeitsentwicklung ist selbstverständlich nicht nur nach einer Trennung möglich, sondern im gleichen Maße auch in Partnerschaften oder als Single.

Dein Ex-Partner als dein Lehrer

In meinen Augen dienen alle Beziehungen im Leben, ob zum Partner, den eigenen Kindern, Kollegen oder Nachbarn zum persönlichen Wachstum. Nicht ausschließlich, doch ergänzend. Wenn wir diese Haltung einnehmen, kann sich auch der Blick unserem Ex-Partner gegenüber verändern. Anstelle eines Menschen, der uns ausschließlich verletzt, betrogen oder enttäuscht hat, können wir ihn als einen wichtigen Lehrer ansehen. Wenn du diese Haltung einnehmen würdest, welche Botschaften hat dir dieser Lehrer vermittelt? Ist es für dich möglich, so zu denken?

War der Tag nicht dein Freund,
so war er wenigstens dein Lehrer.

Ich persönlich bin der festen Überzeugung, dass wir immer den richtigen Partner finden, der uns in der persönlichen Entwicklung zum richtigen Zeitpunkt weiterbringt. Eben nicht ausschließlich über das Schöne und Leichte, sondern auch über Schweres. Wenn wir diesen Blick einnehmen, passen alle Paare zusammen. Und auch Trennungen sind passend. Auch wenn unser Ego häufig nicht damit einverstanden ist. Für manche Menschen ist das ein Gedanke, den sie zulassen, andere sträuben sich dagegen. Wie klingt es für dich?

AUFGABE

Der Sinn der Trennung

Auch wenn es sich für dich vielleicht sonderbar anhört: Unter der Annahme, dass du dir diese Partnerschaft mit diesem Beziehungsende unbewusst genau so gewählt hast, wofür hast du sie ausgesucht, was wäre der Sinn dahinter? Wofür war diese Erfahrung wichtig für dich und dein zukünftiges Leben?

Deine Ressourcen durch die Partnerschaft

Bisher haben wir vor allem darauf geschaut, was du durch die Trennung entwickelt oder gelernt hast, doch es gibt noch einen anderen Zeitraum: die gemeinsame Beziehungszeit mit deinem Ex-Partner. Blicken wir darauf, was das mit dir und deinem Leben gemacht hat. Es kann gut sein, dass du durch diese Beschäftigung emotional wirst – wenn du jedoch nicht mitten im ersten Trennungsschock steckst, sind diese Gefühle in der Regel gut für deine Heilung.

AUFGABE

Was du erhalten hast

Was hast du von deinem Ex-Partner während eurer Beziehung bekommen? Liebe, Anerkennung oder ein neues Selbstvertrauen, neue Sichtweisen übers Leben? Das alles hast du noch in dir, und es ist nicht mit der Person gegangen. Es kann dir niemand mehr nehmen.

Schreibe alles auf, was du Positives erhalten hast:

____

____

____

____

____

____

____

____

AUFGABE

Was du gegeben hast

Was hast du selbst in eurer ehemaligen Partnerschaft geben dürfen? Was hast du an deinen ehemaligen Partner verschenkt, nicht ausschließlich im materiellen Sinne? Warst du ihm ein Lehrer beispielsweise in Sachen Geduld, hast du ihm die Liebe zur Natur beigebracht oder ihm dein Vertrauen und deine Liebe geschenkt? Auch diese Dinge sind durch das Beziehungsende nicht weg.

Schreibe alles auf, was du Positives gegeben hast:

AUFGABE

Was du gelernt hast

Was hast du durch deinen Ex-Partner lernen dürfen? Welche Fähigkeiten konntest du durch die gemeinsame Zeit entwickeln? Bist du beispielsweise dadurch zu einem gesünderen Lebensstil gekommen, hast du das Reisen für dich entdeckt oder gelernt, dich fallen zu lassen und tiefer und bedingungsloser zu lieben?

Schreibe alles auf, was du Positives gelernt hast:

Deine Ressourcen durch die Trennung

Wie beschrieben, geschehen unsere größten Wachstumssprünge aufgrund von Herausforderungen und Krisen. Somit wirst du durch die Trennung ebenfalls viele neue Fähigkeiten entwickeln können. Folgende Fragen können dich bei der Reflexion unterstützen.

»Probleme sind Gelegenheiten zu zeigen, was man kann.«

DUKE ELLINGTON

AUFGABE

Deine Ressourcen und neue Stärken

Nimm dir für diese Aufgabe genügend Zeit. Wenn du sie in Ruhe ausführst, wirst du davon lange profitieren können.

Was war während des Trennungsverlaufs deine größte Herausforderung, und wie hast du diese gemeistert?

____

____

____

____

____

____

____

Welche deiner Fähigkeiten war dabei am hilfreichsten?

Woher hattest du die Kraft, die Trennung zu überstehen?

Was hat dich an dir selbst überrascht, und worauf bist du stolz?

Wenn du auf die letzten Wochen und Monate blickst, wie schätzt du es ein: Bist du an der Trennung persönlich gewachsen?

☐ Keinesfalls ☐ Etwas ☐ Ja ☐ Ja, sehr

Sich diese Frage zu beantworten macht vor allem dann Sinn, wenn wir bereits in der vierten Trennungsphase angekommen sind, vorher stehen andere Dinge im Mittelpunkt – und das ist gut so. Anhand deiner Einschätzung erkennst du ganz gut, wie weit du im Trennungsprozess fortgeschritten bist.

Optionale Aufgabe: Dein Trennungsmärchen

Wenn du dir noch mehr Zeit für dieses Thema nehmen möchtest, habe ich einen weiteren Impuls für dich: Stelle dir vor, deine Trennungsgeschichte als Märchen zu verfassen, sodass du sie später einmal deinen Enkelkindern vorlesen kannst. Was ist geschehen? Welches war das größte Hindernis für den Helden – also für dich –, und wie hat er es geschafft, dieses zu überwinden? Welche Fähigkeiten, welche Ressourcen und Stärken haben ihm dabei geholfen? Wie hat sich der Held verändert, und was war das Gute an der Beziehung und letztendlich auch an deren Ende?

»Manchmal steigt man morgens aus dem Bett und denkt sich, dass man es nicht schaffen wird, aber innerlich lacht man darüber und erinnert sich an die vielen Male, die man das schon gedacht hat.«

CHARLES BUKOWSKI

REFLEXION

Wie ging es mir in Woche 12?

Fülle zum Abschluss dieser Woche aus, wie die letzten 7 Tage für dich waren.

1. Wie ich die letzte Woche in einem Satz beschreibe …

2. Das Beste, was ich diese Woche gemacht habe …

3. Mein Bedürfnis, meinen Ex-Partner in der letzten Woche zurückzugewinnen, war ...
   ☐ sehr groß ☐ groß ☐ etwas ☐ gering ☐ nicht vorhanden

4. Was ich im Rückblick auf diese Woche meinem Ex-Partner alles sagen würde …

5. Warum es sich gelohnt hat, in der letzten Woche zu leben …

6. Was ich mir für die nächste Woche vornehme …

Woche 13: Bereit für eine neue Partnerschaft?

In meiner Praxis bekomme ich häufig die Frage gestellt, wann wir nach einer Trennung bereit für eine neue Beziehung sind. Laut meiner Erfahrung zeigt uns das Leben, ob wir wirklich offen und bereit dazu sind, eine Partnerschaft auf Augenhöhe und voller Liebe zu führen. Je kürzer die Trennung her ist, desto mehr glauben wir meist, schon wieder offen für eine neue Partnerschaft zu sein, und manchmal stürzen wir uns auch schon in eine Beziehung. Warum das meist nicht förderlich ist, erfährst du in diesem Kapitel – und was stattdessen sinnvoll ist.

Zudem blicken wir in deine Zukunft, und du darfst dir deine Traumpartnerschaft in der Fantasie erschaffen. Das ist eine richtig schöne Übung.

Im Detail blicken wir in dieser Woche auf diese drei Aspekte:

- Eine Beziehung aus der Not heraus eingehen
- Eine Beziehung auf Augenhöhe eingehen
- Deine Beziehung in der Fantasie erschaffen

Eine Beziehung aus der Not heraus eingehen

Gerade in den schweren Momenten nach dem Beziehungsaus wünschen wir uns, diesen schmerzhaften Zustand schnellstmöglich zu verlassen. Da läge es doch nah, uns einfach neu zu verlieben und damit dem Schmerz zu entkommen. Voraussetzung dazu ist natürlich, dass wir überhaupt bereit dazu sind und uns verlieben möchten. Ich nehme es gleich vorweg: Dem Trennungsschmerz zu entkommen, indem wir uns neu verlieben, wird nicht meine Empfehlung in diesem Abschnitt sein. Denn in diesen Fällen dient eine Beziehung hauptsächlich der Schmerzvermeidung und dem Selbstwertaufbau.

Wir blicken auf beide Seiten, sowohl auf die Vorteile als auch auf die Nachteile einer neuen Partnerschaft.

Momente des Flirtens genießen

Wieder mit jemandem zu flirten kann eine entlastende und schöne Ablenkung sein und uns Lebensfreude und Leichtigkeit bringen – und sei es auch nur für die Dauer von 10 Minuten. Unser Schmerz kann in dieser Zeit etwas in den Hintergrund rücken, und unser Selbstwert wird stabilisiert. Zu erleben, dass wir wieder Ausstrahlung und Attraktivität besitzen, gibt Auftrieb für die Zukunft und zeigt uns, dass wir uns auf einem guten Weg befinden und Veränderungen möglich sind.

Solche Kontakte und Flirts können uns stärken. Solange diese nicht die alleinige Ressource für deine emotionale Stabilität darstellen, genieße sie!

Folgen einer vorschnellen Partnerschaft

Wenn wir nicht allein sein können oder wir mit dem Schmerz überfordert sind, können wir die Lösung im Außen suchen. Doch das ist nur ein Teil, denn dort werden wir nie die gesamte und vor allem nicht die nachhaltige Lösung und Heilung finden. Lebenskrisen fordern uns dazu auf, uns unserem Inneren zuzuwenden und persönlich daran zu wachsen. Wenn wir ihnen vollständig ausweichen, wird uns diese Wachstumsaufgabe an anderer Stelle wieder begegnen.

Wenn wir innerhalb kürzester Zeit eine neue, feste Partnerschaft eingehen, hat das einige Konsequenzen:

- Wir verdecken den Schmerz wie unter einem Schleier und spüren ihn durch die Verliebtheit oder Nähe zu dem neuen Partner weniger oder gar nicht mehr.
- Wir nehmen uns die Chance, uns in Ruhe mit uns zu befassen, uns zu reflektieren, zu lernen und zu wachsen.
- Wir werden den neuen Partner nicht richtig *prüfen* können, weil er vermutlich mehr die Funktion der Schmerzlinderung übernimmt. Vielleicht passt er nicht zu uns, doch wir bekommen es nicht wirklich mit.

Dieser Schleier über dem Schmerz hilft und wirkt, und jedem Menschen steht es frei, sich für oder gegen diese Möglichkeit zu entscheiden. Ich möchte dir hier nur den Impuls geben, dich erst um dich und deine aktuellen Trennungsthemen zu kümmern, bevor du eine neue feste Partnerschaft eingehst.

Es ist demnach empfehlenswert, dass du nicht all deine Energie in eine neue Beziehung, den nächsten Flirt oder eine heiße Nacht investierst. Das kann eine hilfreiche und sinnvoll Ablenkung und Stärkung sein, doch sollte es nicht der Hauptteil deines Lebens werden. Wie bereits in Woche 3 beschrieben, ist es wichtig, uns unseren Gefühlen zu stellen und uns nicht ausschließlich abzulenken. Finde demnach einen guten Mix aus neuen Kontakten und der Beschäftigung mit dir selbst.

Eine Beziehung auf Augenhöhe eingehen

Welche potenziellen Partner in dein Leben treten, ist der beste Hinweis und Spiegel zugleich, ob du bereit bist für etwas Ernstes und Neues. Wenn die neue Beziehung bereits nach wenigen Wochen zu Ende geht, war es wohl nicht der passende Partner, oder du bist noch nicht wirklich bereit dafür. Manchmal denken wir, dass wir viel weiter in der Trennungsverarbeitung sind, doch unsere Gefühlswelt sieht das häufig noch anders als unser Verstand.

Angst oder Druck sind dabei ungeeignete Ratgeber. Egal, wie sehr du dir eine Beziehung wünschst oder Angst hast, keinen Partner mehr zu finden, beziehungsweise keine Kinder mehr bekommen zu können, lass los! Du kannst nur ins Vertrauen gehen. Alles andere wird dich langfristig nicht erfüllen. Manchmal ist es wichtig, auch einige Monate oder Jahre Single zu bleiben, weiter zu wachsen und sich mehr mit dem zu befassen, was vorher zu kurz kam: Vielleicht warst du es selbst, deine Familie, Freunde, Hobbys oder dein Beruf. Manchmal steht ein neuer Partner bereits einige Zeit nach der Trennung vor der Tür, und wenn wir tatsächlich offen sind, kann eine schöne Zeit mit einem anderen Menschen beginnen. Einige Gedanken, die dich weiterbringen können, möchte ich dir im Folgenden ans Herz legen.

Stelle dir als Erstes vor, wer in Zukunft den frei gewordenen Platz neben dir in deinem Leben einnehmen wird. Wer wird dich begleiten, was werdet ihr alles gemeinsam erleben? Lass uns dazu eine kleine Übung machen.

AUFGABE

Dein Wunschpartner

Stelle dir deinen Traummann oder deine Traumfrau vor. Wie sieht dieser Mann oder diese Frau aus? Welche Werte und Eigenschaften zeichnen diesen Menschen und eure Partnerschaft aus? Wem möchtest du in Zukunft deine Liebe schenken?

Wenn du dir keine neue Partnerschaft vorstellen kannst, nicht aus Angst vor Verletzungen, sondern aufgrund deiner Lebenssituation – beispielsweise deines Alters oder weil du erst mal deine Zeit und Liebe deinen Kinder schenken möchtest –, dann stelle dir vor, welche lieben Menschen du in Zukunft um dich haben möchtest.

Schreibe im Folgenden auf, was diesen Menschen innerlich und äußerlich auszeichnet, was ihn besonders für dich macht:

Eine schöne Vorstellung, oder? Damit du diesen Menschen in dein Leben ziehst, was gilt es für dich noch zu tun? Gibt es noch etwas, was du investieren solltest, um mit diesem Wunschpartner beschenkt zu werden? Lass uns dazu in die nächste Aufgabe blicken. Wir ziehen immer einen Menschen in unser Leben, der uns selbst weiterbringt, der uns auch mal an unsere Grenzen treibt, der unser bester Lehrer ist. Wenn wir uns selbst entwickeln, wachsen und diese Lernaufgaben angehen, ziehen wir auf einmal andere Menschen an. Wenn wir dagegen stehen bleiben, kommen ähnliche Aufgaben auf uns zu. Ein bisschen nach dem Motto:

Jeder bekommt den Partner, den er verdient.

AUFGABE

Deine beste Version für deinen Wunschpartner

Nimm dir für diese Aufgabe genügend Zeit. Es geht um den Blick in die Zukunft mit einem neuen Partner. Auch wenn du jetzt noch kein Interesse an einer neuen Beziehung hast, kannst du die Übung dennoch machen. Welcher Mensch möchtest du werden, damit du die Person in dein Leben ziehst, die du dir als Partner wünschst?

Beantworte dir im Folgenden diese Fragen: Was gilt es für dich noch zu tun, damit du der Mensch wirst, der zu diesem Wunschpartner passt? Was ist wichtig zu machen, bevor du diese Partnerschaft eingehst?

____

____

____

____

____

Nun geht es darum, was du in der neuen Partnerschaft mit deinem Wunschpartner anders machen möchtest als bisher. Was nimmst du dir konkret vor? Reichen dabei die Erkenntnisse aus der alten Partnerschaft, oder geht es darum, dass du dich mit diesen Themen intensiver beschäftigst? Was sind die Schritte auf dem Weg zu diesem Ziel? Je konkreter du diese Fragen beantwortest, desto besser.

Es hat sich bewährt, sich mit guten Freunden auszutauschen, die dich spiegeln und ehrlich zu dir sein können. Hast du etwas gefunden, was noch wichtig ist zu tun? Weißt du, wie du dieses Ziel erreichen kannst? Es ist außerdem hilfreich, die Gedanken, die du notiert hast, immer wieder zu lesen und gegebenenfalls zu ergänzen.

Deine Beziehung in der Fantasie erschaffen

Jetzt darfst du noch einmal groß träumen und all deine Fantasie nutzen. Wann können wir uns schon einmal ganz in Ruhe unsere Zukunft vorstellen und sie ganz konkret niederschreiben? Jetzt hast du die Möglichkeit dazu.

Diese Schreibübung dient dazu, deine Fantasie anzuregen und deinem gesamten System deutlich zu machen, wie du dir dein zukünftiges Beziehungsleben wünschst beziehungsweise eben nicht wünschst. Wenn du dir dein Leben konkret vorstellst, dann hat dein Unterbewusstsein schon Bilder von diesem Leben und kann dir helfen, dieses zu erreichen.

AUFGABE

Dein Leben mit oder ohne Happy End

Lass uns diese schöne Übung machen: Wie sieht dein Leben in fünf Jahren aus? Wo stehst du, was machst du, und wie geht es dir? Bist du in einer Partnerschaft, und wenn ja, wie sieht diese aus? Wie steht es um deine Freundschaften, um Hobbys und deinen Beruf? Wie möchtest du dich fühlen? Nimm dir genügend Zeit für diese Aufgabe, und schreibe alles so detailliert wie möglich auf. Du bist dabei Drehbuchautor, Hauptdarsteller und Regisseur in einer Person.

Dabei darfst du nun zwei Versionen schreiben und jeweils die oben genannten Fragen verwenden. Einmal schreibst du die Happy-End-Version und das andere Mal die ohne Happy End.

Los geht's mit deinem Leben in fünf Jahren mit Happy End: Schreibe deine eigene Geschichte in der bestmöglichen Version. Stelle dir alles so vor, wie es im perfekten Fall geschieht.

Eine schöne Vorstellung, oder?

Nun kommen wir zu der Version deines Lebens in fünf Jahren ohne Happy End: Schreibe deine eigene Geschichte, in diesem Fall jedoch die Variante, die im schlechtesten Fall eintreffen könnte. Beantworte dabei auch die Fragen zu Beginn der Übung.

Wie klingen die beiden Versionen für dich? Nun kannst du dir überlegen, was du ab heute an jedem Tag selbst dazu beitragen kannst, dass die *Happy-End-Version* wahr wird. Was kann das sein? Überlege dir drei konkrete Dinge, die du aktiv selbst tun kannst, und schreibe je einen dieser Aspekte oder eine der Erkenntnisse in einen Kreis.

Nummer 1, um meine *Happy-End-Geschichte* zu erreichen

Nummer 2, um meine *Happy-End-Geschichte* zu erreichen

Nummer 3, um meine *Happy-End-Geschichte* zu erreichen

So weit meine Gedanken zu einer neuen Partnerschaft. Ich wünsche dir, dass zur richtigen Zeit der Mensch in dein Leben tritt, der gut für dich ist – und andersherum.

»Wer nicht weiß, wo er hinwill,
darf sich nicht wundern,
wenn er woanders ankommt.«

MARK AUREL

REFLEXION

Wie ging es mir in Woche 13?

Fülle zum Abschluss dieser Woche aus, wie die letzten 7 Tage für dich waren.

1. Wie ich die letzte Woche in einem Satz beschreibe …

2. Das Beste, was ich diese Woche gemacht habe …

3. Mein Bedürfnis, meinen Ex-Partner in der letzten Woche zurückzugewinnen, war ...
☐ sehr groß ☐ groß ☐ etwas ☐ gering ☐ nicht vorhanden

4. Was ich im Rückblick auf diese Woche meinem Ex-Partner alles sagen würde …

5. Warum es sich gelohnt hat, in der letzten Woche zu leben …

6. Was ich mir für die nächste Woche vornehme …

Woche 14: Bereit für einen neuen Lebensabschnitt

Du hast es geschafft! Du hast den Liebeskummer überwunden und die Trennung verarbeitet. Du bist persönlich gewachsen und gereift. Du hast Neues über dich erfahren und unglaublich viel gelernt. Du bist gestärkt aus dem Beziehungsende hervorgekommen, darfst stolz auf dich sein und dich darüber freuen, zu was du alles fähig bist.

Das Leben als Single kannst du nun genießen und darauf vertrauen, den richtigen Menschen zur richtigen Zeit am richtigen Ort zu treffen. Somit blickst du wieder mit Leichtigkeit und Zuversicht in die Zukunft und bist freudig gespannt, was dort noch alles auf dich wartet.

Vielleicht bist du selbst schon an diesem Punkt angekommen, vielleicht befindest du dich noch nicht am Ende deines Verarbeitungsprozesses. Wenn du das Buch in einem Zug durchgelesen hast, wirst du wahrscheinlich noch nicht in der letzten, der vierten, Trennungsphase angekommen sein – das ist völlig normal. Dann ist dieses Kapitel ein Ausblick auf das, was sich in Zukunft zeigen wird.

In der Psychologie wird häufig beschrieben, dass wir nur drei Lebensbereiche zu meistern brauchen, um zufrieden zu sein: den Umgang mit uns selbst, den

Umgang mit anderen Menschen und den Umgang mit dem Leben und Schicksalsschlägen. Genau in diesen Bereichen wurdest du während des gesamten Trennungsprozesses in jedem Moment geprüft, herausgefordert und bist daran gewachsen und auf einem neuen Level deiner persönlichen Reife und Entwicklung angekommen.

Daher gibt es in dieser Woche nicht mehr allzu viel zu sagen. Dennoch möchte ich noch zwei Dinge mit dir teilen:

- Die Dankbaren sind glücklich
- Deine persönliche Geschichte

»Die Kunst ist, einmal mehr aufzustehen, als man umgeworfen wird.«

WINSTON CHURCHILL

Die Dankbaren sind glücklich

Nach dem Durchlaufen aller Trennungsphasen gibt es ein Gefühl, welches sich im besten Fall am Ende zeigt. Es hilft, die Partnerschaft in Frieden und im Guten in der Vergangenheit zu lassen: Dankbarkeit. Das ist das einzige Gefühl, das uns nicht mehr am Ex-Partner festhält und uns tatsächlich frei macht. Warum das so ist, darauf blicken wir im Folgenden.

Auf dem Weg zur Dankbarkeit benötigen wir Geduld und Zeit. Dankbarkeit lässt sich nicht mit einer Entscheidung herbeiführen. Sie ist das Ergebnis des gesamten Trennungsprozesses und steht in der Regel am Ende. Voraussetzung ist, dass du die wichtigen Prozesse der Trennung durchlebt hast: das Akzeptieren, Fühlen, Verzeihen und Loslassen.

Die Dankbarkeit für alles – auch das Schwere und Verletzende – ist der beste Maßstab, wie intensiv du noch an deinem Ex-Partner hängst, wie weit du die Trennung überwunden hast und damit bereit für etwas Neues bist.

Vielleicht fragst du dich, warum du für all das dankbar sein solltest, insbesondere für das Schmerzhafte? Vor allem wenn die Trennung noch nicht lange her ist, ist das kaum vorstellbar, vielleicht klingt es sogar absurd. Das ist verständlich. Es geht nicht darum, sofort den Blick auf die Dankbarkeit zu lenken. Wie gesagt, die Zeit, wann du so weit bist – und ob du es überhaupt möchtest –, kannst ausschließlich du bestimmen.

Was ich dir mitgeben kann ist das Wissen, dass alle anderen Gefühle wie Enttäuschung, Erwartung, Schuld, Ärger oder Wut uns bewusst und unbewusst an den Ex-Partner binden. Und wir sind die Einzigen, die darunter leiden.

Wofür kannst du dankbar sein? Einige Beispiele möchte ich dir aufzeigen:

- *Danke für all das, was ich durch dich erleben und lernen durfte.*
- *Danke für die schönen Momente in der Partnerschaft, die mir niemand nehmen kann.*
- *Danke für die schweren Momente, die mich zu dem gemacht haben, der ich heute bin, die mich persönlich haben wachsen lassen.*
- *Danke für die Liebe, die ich von dir erhalten habe.*
- *Danke für all das, was ich dir gegeben habe, und für die Liebe, die ich dir schenken durfte.*
- *Danke, dass du mein Lehrer warst und ich dein Lehrer sein durfte.*
- *Danke, dass du Platz gemacht hast für etwas Neues in meinem Leben.*

Worte, die uns berühren, oder? Sie wirken jedoch nur, wenn du sie ehrlich und aus vollem Herzen sprechen kannst. Eine rein kognitive Dankbarkeit, ohne diese tatsächlich zu fühlen, bringt nicht viel. Sie ist vielmehr ein guter Hinweis, dass du noch Zeit zur Verarbeitung benötigst.

AUFGABE

Deine Dankbarkeit

Schreibe nun auf, welchen Menschen du während deines Trennungsprozesses dankbar warst und bist:

____

____

____

____

____

____

Vielleicht möchtest du ihnen eine Postkarte als Dankeschön schicken?

Nun kannst du aufschreiben, für welche Momente, Erkenntnisse oder Erfahrungen du dankbar bist:

____

____

____

____

____

____

____

Dankbare Abschiedsworte lassen sich auch in dem folgenden Text finden.

»Ich nehme, was du mir gegeben hast.
Es war eine ganze Menge.
Ich danke dir dafür und will es in Ehren halten,
und du kannst nehmen, was ich dir gegeben habe.
Ich habe es gern getan.
Für das, was schiefgelaufen ist zwischen uns,
übernehme ich meinen Teil der Verantwortung.
Als Frau/Mann verabschiede ich mich von dir.
Ich wünsche dir alles Gute.
Ich gehe meinen Weg jetzt ohne dich –
lebe wohl.«

Diese innere Haltung hilft, uns vollständig und friedlich aus der Beziehung zu lösen. Auch dann, wenn die Beziehung und/oder Trennung konfliktreich und schwierig war. Mit dem Blick der Dankbarkeit haben wir es geschafft, die Trennung nicht mehr als Strafe zu sehen, sondern als eine Erfahrung, die wir überstanden haben und die uns hat wachsen lassen. Meist können wir dann mit Milde und einem liebevollen Blick auf den Ex-Partner schauen. Da es nicht darum geht, den Ex-Partner endgültig wegzupacken, kann der folgende Satz entlastend sein:

Du hast einen Platz in meinem Herzen.
Für immer.

Am Ende gibt es einen veränderten Blick auf die gemeinsame Zeit. Er löscht nicht den Schmerz, den wir erfahren haben. Doch wir sind nicht mehr im Kampf gegen das, was geschehen ist. Wir sind in dankbarer Annahme und damit wieder frei.

Deine persönliche Geschichte

Kannst du dich noch an eine der ersten Aufgaben in dem Buch erinnern, als du die Trennung wie aus einer Beobachterposition aufgeschrieben hast? Seitdem hat sich in deinem Leben wohl sehr viel getan – und mit hoher Wahrscheinlichkeit immer mehr zum Guten und zu einer größeren inneren Ruhe und Zufriedenheit gewendet.

AUFGABE

Deine Geschichte

Ich möchte dir als einen der letzten Impulse in diesem Trennungsratgeber noch eine kleine Aufgabe mitgeben: Welche Geschichte möchtest du ab sofort bezüglich deiner Trennung über dich selbst erzählen? Beispielsweise die arme Maus, die betrogen wurde und daran zerbrochen ist, oder der arme Kerl, der verlassen wurde und seitdem mit Verbitterung und verschlossenem Herzen durchs Leben läuft? Ist eine solche Opfergeschichte attraktiv für dich? Wenn du eine solche Version über dich erzählst, dann bist du tatsächlich diese arme Maus oder dieser arme Kerl.

Du kannst jedoch auch eine Heldengeschichte daraus machen. Wie sieht diese aus? Schreibe sie auf, die Geschichte von einer Heldin/von einem Helden, die/der verlassen wurde und sich …

Nur du weißt, wie du diese Erfahrungen bewerten möchtest und wie deine Geschichte aussieht und ausgeht. Bis du bereit?

Den Neubeginn sichtbar machen

Ein schönes Ritual, das einen Neubeginn symbolisiert, ist das folgende: Pflanze einen kleinen Baum als Symbol für den Neubeginn in deinem Garten oder in der freien Natur. Kümmere dich gut um ihn. Sein Wachstum und seine Verwandlung zeigen dir, dass nichts im Leben bleibt, wie es ist.

REFLEXION

Wie ging es mir in Woche 14?

Fülle zum Abschluss dieser Woche aus, wie die letzten 7 Tage für dich waren.

1. Wie ich die letzte Woche in einem Satz beschreibe …

2. Das Beste, was ich diese Woche gemacht habe …

3. Mein Bedürfnis, meinen Ex-Partner in der letzten Woche zurückzugewinnen, war ...
   ☐ sehr groß ☐ groß ☐ etwas ☐ gering ☐ nicht vorhanden

4. Was ich im Rückblick auf diese Woche meinem Ex-Partner alles sagen würde …

5. Warum es sich gelohnt hat, in der letzten Woche zu leben …

6. Was ich mir für die nächste Woche vornehme …

Abschluss und Rückblick auf die letzten 100 Tage

Auf der folgenden Seite darfst du nun deine wöchentlichen Gemüts- und Gefühlszustände zusammentragen und sehen, was sich in den letzten 100 Tagen bei dir getan und verändert hat.

AUFGABE

Der Verlauf deiner Stimmungslage

Nun kannst du deine Gesamtstimmung aus den letzten 14 Wochen übertragen. Nimm all deine von dir ausgefüllten Diagramme zur *Gesamtstimmung,* die du dir 14-mal kopiert oder von meiner Homepage ausgedruckt hast.

Zähle alle Punkte der jeweiligen Woche zusammen. Vielleicht lag deine Gesamtstimmung am ersten Tag der Woche bei 1 (du hast einen Kasten ausgefüllt), am zweiten Tage bei 4, am dritten bei 2 und so weiter.

Addiere die 7 Zahlen der jeweiligen Woche, und teile sie anschließend durch 7, so erhältst du den Wochendurchschnitt deiner Gesamtstimmung. Trage diesen in die nachfolgende Tabelle ein.

Jeweiliger Durchschnitt deiner Gesamtstimmung von Woche 1 bis 14

1	2	3	4	5	6	7	8	9	10	11	12	13	14

Zeichne nun die jeweilige durchschnittliche Gesamtpunktzahl in die Grafik hier ein, und verbinde anschließend alle Punkte. Wie sieht deine Kurve aus? Geht sie nach oben?

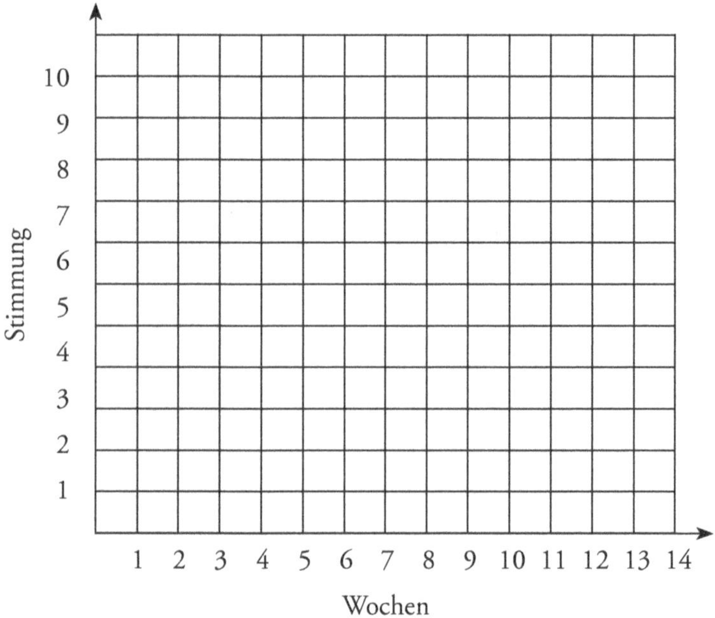

Zur Erinnerung: Je höher dein Wert, desto besser war deine Stimmung!

Tipp: Du kannst diese Grafik auch dazu verwenden, für all deine Gefühlszustände, die du auf Seite 18 ff. siehst und vielleicht die letzten Wochen ebenfalls täglich eingetragen hast, hier ein Kreuzchen zu machen. Bilde jeweils auch von diesen den Wochendurchschnitt, und trage die 14 Werte dann hier ein. Kopiere dir dazu einfach diese Seite.

Was siehst du in deiner Grafik? Hat sich deine Stimmung über die letzten 100 Tage verändert? Ist sie besser geworden oder schlechter? Wie geht's dir damit? Ganz gleich, wie das Ergebnis ist, es ist in beiden Fällen in Ordnung.

Ich fühle mich gerade ______________________________

Wenn sich deine Stimmung verbessert hat, was hast du dazu beigetragen, dass sie mit der Zeit besser wurde? Schreibe dir die fünf wichtigsten Punkte auf:

1. ______________________________
____
____

2. ______________________________
____
____

3. ______________________________
____
____

4. ______________________________
____
____

5. ______________________________
____
____

Wenn sich deine Stimmung verschlechtert oder nicht verbessert hat, ist das kein Beinbruch! Es ist ein wichtiger Hinweis, dass du dich mit manchen Aspekten im Buch nochmals befassen solltest. Schreibe dir die fünf Punkte, Übungen oder Kapitel auf, bei welchen du vermutest, dass du diese nochmals lesen, umsetzen oder üben solltest:

1. ______________________________
____
____

2. ______________________________
____
____

3. ______________________________
____
____

4. ______________________________
____
____

5. ______________________________
____
____

Ich freue mich für dich, dass du das gesamte Buch durchgearbeitet hast. Das war sicherlich einiges an Arbeit – zeitlich, aber auch emotional gesehen. Hoffentlich konntest du von der Theorie, den Praxisbeispielen, den Übungen und Reflexionen profitieren.

Ich wünsche dir für deine Zukunft nur das Beste, viel Freude bei allem, was dir in deinem Leben begegnet, und die Erfüllung deiner Träume. Erlaube dir große Träume! Zudem wünsche ich dir jederzeit einen guten Kontakt zu dir selbst und deinem Inneren. Dort wirst du die Lösung für nahezu alles finden, was dir im Leben begegnet, denn wir alle haben unendliche Ressourcen in uns. Das hast du in den letzten Wochen und Monaten sicherlich selbst erlebt.

Alles, was du in diesem Buch gelesen hast, habe ich in meiner Praxisarbeit, in meinem Studium, den therapeutischen Ausbildungen und in meinem Leben gelernt. Mein erster Dank gilt daher allen Klienten, die ich begleitet habe, die mir ihr Vertrauen geschenkt haben und bei welchen ich erleben konnte, dass wir Menschen aus dem größten Schmerz herausfinden und gestärkt zurück ins Leben finden.

»Die Größe des Erreichten misst man anhand der Hindernisse, die zur Erreichung des Ziels überwunden worden sind.«

BOOKER T. WASHINGTON

Mein Anspruch an mich war es, all meine Erfahrung und Liebe in diesen Trennungsratgeber zu stecken. Erst dadurch, dass du dieses Buch gelesen hast, ist es Wirklichkeit geworden. Somit möchte ich mich auch bei dir bedanken. Du hast es gelesen und dich mit all den Themen und Übungen auseinandergesetzt. Ebenso möchte ich mich bei all meinen Lehrern bedanken, deren Erfahrung, Weisheit und Liebe an vielen Stellen im Buch durchblitzt. Zu guter Letzt bedanke ich mich bei Julia Loschelder vom Komplett-Media Verlag und bei Diana Napolitano, meiner Lektorin, für deren Vertrauen, Unterstützung und Inspirationen.

Wenn du von dem Buch profitiert hast, freuen sich interessierte Leser und ich mich ebenfalls, wenn du eine Bewertung dazu schreibst. Ich freue mich auch über dein persönliches Feedback per E-Mail.

Alles Gute für dich!
Dein Wieland Stolzenburg

PS: Du möchtest noch mehr über Trennungen lesen? In meinem Trennungsratgeber »Trennung überwinden: Der Weg vom Liebeskummer zur Lebensfreude« findest du noch mehr psychologische Hintergründe und Erläuterungen. Das andere Trennungsbuch zu erwerben macht darum vor allem dann Sinn, wenn dich diese Themen interessieren:

- Trennungsgründe: Warum es zur Trennung gekommen ist
- Wie du während der Trennungszeit mit den eigenen Kindern umgehen kannst
- Wie dich deine eigenen Eltern beim Trennungsprozess unterstützen können

Weitere Bücher von mir

Beziehungsglücklich: 27 Tipps für eine erfüllende Partnerschaft. Ein Beziehungsratgeber eines Paartherapeuten: Beziehung führen, verbessern oder retten

Dieser Beziehungsratgeber für Paare hilft dir und euch dabei, die Herausforderungen von Beziehungskrisen zu verstehen und Lösungen dafür zu finden. Die 27 Aspekte einer glücklichen Beziehung begleiten euch zurück in eine glückliche, zugewandte und harmonische Beziehung. Mit psychologischem Hintergrundwissen, wertvollen Frage- und Hilfestellungen, Erkenntnissen aus der Wissenschaft und bewährten Übungen aus der Praxis.

Beziehungsleben: Wie du die Lösung für eine erfüllende Partnerschaft in dir findest

Ein Beziehungsratgeber für Paare und Singles, der aufzeigt, warum wir die Lösung für Herausforderungen in Partnerschaften ausschließlich in uns selbst finden können. Dieses Buch richtet sich an alle, die sich und ihre Beziehungsmuster besser verstehen und selbst etwas zu deren Veränderung beitragen möchten mit dem Ziel, Beziehungen neu zu gestalten: zufriedener, erfüllter und harmonischer.

Männer verstehen für Dummies

Ein Buch für alle, die Männer besser verstehen möchten. Warum sind Männer so, wie sie sind? Warum tun sich viele schwer mit festen Bindungen, und welche Hürden gibt es auf dem Weg zu einer langfristigen Partnerschaft? Warum ist Sex für sie so wichtig? Wie gehen Männer mit Ängsten und Schwächen um, und warum benötigen sie häufig Anerkennung, Macht und Kontrolle?

Über den Autor

© Corina Greiling

Wieland Stolzenburg ist Beziehungspsychologe und Autor mehrerer Ratgeber. Er begleitet Menschen auf dem Weg zu erfüllenden Beziehungen und einem zufriedenen Leben – mit seinen Büchern und in seiner Arbeit als Psychologe und Therapeut. Schwerpunkte seiner Arbeit sind Themen rund um Partnerschaft, Lebenszufriedenheit und Persönlichkeitsentwicklung.